Operación Forager

Serie de historia militar del Pacífico de la Segunda Guerra Mundial

Daniel Wrinn

Published by Storyteller Books, LLC, 2021.

OPERACIÓN FORAGER Primera edición. 25 de agosto de 2021.

Parte Uno

1944 Batalla por Saipan

Quebrantando las Marianas

El amanecer del 15 de junio de 1944 sería un día brutal. Los barcos de apoyo de fuego de la Armada frente a la isla de Saipan incrementaron los disparos del día anterior. A las 05.42, el almirante Richmond Kelly Turner ordenó: "Despachar la fuerza de desembarco". A las 07:00, los LST (barco de desembarco, tanque) se movieron a mil yardas detrás de la línea de salida.

Las tropas que esperaban en los LST desembarcaron en LVT (vehículo de aterrizaje, rastreado). El personal de la Armada y la Infantería de Marina tomó sus posiciones con equipo de radio. Mostraron banderas para indicar qué accesos a la playa controlaban.

El almirante Turner retrasó la hora H durante 10 minutos hasta las 08.40 para dar tiempo extra a las olas de barcos para ponerse en posición. Después de que la primera ola se dirigiera a toda velocidad hacia las playas, los japoneses estaban listos. Esperaron, dispuestos a hacer que las unidades de asalto de los marines pagaran un alto precio en sangre.

La primera ola de asalto contenía LVT [A] (tractores anfibios blindados) con sus cañones de 75 mm que disparaban rápidamente. Escoltados por cañoneras ligeras que disparaban cohetes de 4,5 pulgadas y cañones de 40 mm. Los LVT podrían negociar su camino a través del arrecife. Pero las cañoneras no lo lograron y tuvieron que dar la vuelta hasta que pudieron descubrir un pasadizo a través del arrecife.

Más al norte a las 0600, el 2º, 24º y 29º de la Infantería de Marina organizaron un desembarco de diversión frente al puerto de Tanapag. Los japoneses no se dejaron engañar y no enviaron refuerzos a la zona. Pero la artimaña ató a un regimiento enemigo completo.

Cuando los LVT llegaron al arrecife, la batalla estalló. El agua brotaba por los proyectiles de mortero y de artillería que explotaban en todas direcciones. Rifles, ametralladoras y fuego de armas pequeñas se unieron al crescendo cuando los LVT tocaron tierra.

El caos se extendió por las playas, principalmente en la zona de la 2da División de la Infantería de Marina. Una corriente del norte hizo que los batallones de asalto 6º y 8º de la Infantería de Marina aterrizaran quinientas yardas demasiado al norte. Esto creó una brecha entre la 2da y la 4ta División de Infantería de Marina. El coronel Hogaboom, oficial de operaciones de las Tropas Expedicionarias, escribió: "La oposición consistió principalmente en fuego de artillería y de mortero desde armas colocadas en posiciones bien desplegadas. Previamente registrado para cubrir las áreas de playa, y fuego de armas pequeñas, armas automáticas y cañones anti buque ubicados para cubrir los accesos a las playas de desembarco más cercanas".

El resultado fue que cinco de los comandantes de la unidad de asalto de la 2da División de Infantería de Marina resultaron heridos. El Punto Afetan, en el medio, fue arrasado por un mortífero fuego de enfilada a izquierda y derecha. Esto permitió que dos batallones de los marines, el 23 y el 25 cruzaran la brecha. El plan original era que las tropas de asalto montaran sus LVT hasta el primer objetivo, la línea O-1. Pero la oleada de fuego enemigo y los obstáculos naturales lo impidieron.

Unas pocas unidades en el centro de la 4ta División lograron atravesar, pero la feroz resistencia enemiga las inmovilizó en los flancos izquierdo y derecho. Esto impidió que las dos divisiones hicieran contacto directo.

En el 3er Batallón, 24º Regimiento de la Infantería de Marina, un joven teniente recordó su extraordinaria experiencia en la playa cuando llegó a tierra: "Todo a nuestro alrededor era un caos y un combate encarnizado. Cuerpos de marines y japoneses tendidos en posiciones destrozadas y grotescas. Casamatas arruinadas y quemadas. Restos ardientes de LVT destruidos por fuego japonés de alta velocidad. El olor acre de los explosivos. Árboles destrozados. Y la arena batida llena de equipos desechados".

Después de que su compañía se moviera una corta distancia tierra adentro, experimentó el aterrador fuego de la artillería japonesa pre registrada: "¡Buuuum! Un proyectil aterrizó justo encima de nosotros. Estaba demasiado sorprendido para pensar, pero instintivamente, todos nos arrojamos a la cubierta y nos dispersamos. Luego, los proyectiles cayeron sobre nosotros: detrás, adelante, a ambos lados y justo en medio de nosotros. Se precipitaban hacia abajo como un tren de carga, tronando y explotando en un rugido ensordecedor.

"Me di cuenta de que los primeros estallidos de obuses que escuchamos eran disparos de alcance. Ahora los japoneses se habían concentrado en nosotros y estábamos atrapados en un bombardeo en toda regla. Su fuego nos alcanzó con una precisión milimétrica, y no fue difícil ver por qué: mil quinientos pies por encima de nosotros, había puestos de observación japoneses que formaban un panal de abejas sobre la cresta del monte. Tapotchau".

Esa noche, el teniente y su mensajero compartieron una trinchera y guardias divididas. La muerte volvió a acercarse: "Las horas de mi guardia pasaron lentamente. Me incliné para despertar a mi mensajero. ``Es hora de tu guardia", susurré. "Cuidado con ese lugar de allí, podría haber japoneses en él. Mantente despierto". Después de eso, me di la vuelta y me quedé dormido en un instante.

"Como si fuera de inmediato, alguien me sacudió e insistió en que me despertara. Me di una sacudida y me incorporé de un salto; tus reflejos actúan más rápido en combate y nunca te duermes del todo. Miré mi reloj y era casi el amanecer. Me volví hacia mi mensajero, acostado contra mí dormido. "Vamos", dije. "Pase la voz a los jefes de escuadrón para que se preparen". Pero no se movió. Lo sacudí. Una vez más, no se movió. Estaba muerto. Con toda la barbarie que exige la guerra, le di la vuelta, tomé su cantimplora y vertí la preciosa agua en la mía. Luego lo dejé allí tirado. Muerto."

Los regimientos de asalto sufrieron bajas por los constantes bombardeos dirigidos por los observadores en terrenos elevados. Unidades de refuerzo y suministro se apilaron a partir de la confusión en las playas del desembarco. Los francotiradores acechaban por todas partes. Las olas de apoyo experimentaron el mismo fuego enemigo mortal en su camino hacia la playa. Muchos LVT recibieron impactos directos, otros se volcaron de costado por las olas o por el fuego enemigo, derramando equipos y personal en el arrecife. Aumentaron las bajas en ambas divisiones. Evacuarlos a los barcos fue peligroso y difícil. La estación de asistencia médica instalada en tierra también estaba bajo fuego enemigo.

La artillería de marina aterrizó a última hora de la tarde del Día D para apoyar a la infantería. Recibieron fuego de contrabatería de precisión mortal de los japoneses. El general Harry Schmidt, al mando de la 4ta División, desembarcó en 1930, y luego escribió: "El puesto de mando durante ese tiempo no funcionó muy bien. Fue el lugar más caliente en el que estuve durante la guerra".

El mayor James (Jim) Donovan, oficial ejecutivo de los Marines 1/ 6, sobrevivió a un bombardeo de mortero con una sincronización y precisión asombrosas: "Entramos en una pequeña aldea llamada Charan-Kanoa. Nos habíamos detenido a buscar agua y estábamos lavándonos y descansando cuando nos cayeron granadas de mortero. Vimos una chimenea alta que ocultaba a un observador avanzado japonés. Dirigía fuego y nos miraba directamente. A nadie se le ocurrió que alguien pudiera estar en esa chimenea después de todos esos disparos navales y todo lo demás disparado en el área. Pero estaba seguro de que allí arriba estaba bien. Ese día mató a muchos marines de la Compañía G.

"Nos atrapó sin trincheras. Teníamos una falsa sensación de seguridad. Pensamos que podríamos relajarnos. Nada más equivocado. Tuvimos que cavar agujeros a toda prisa. Es difícil cavar un agujero cuando estás acostado boca abajo cavando con la barbilla, las rodillas, los dedos de los pies y los codos. Si bien es posible cavar un hoyo de esa manera, perdimos más infantes de marina de los que deberíamos antes de que alguien localizara a ese observador japonés. No sé qué tan alta era esa chimenea, pero tenía al menos dos o tres pisos de altura. Desde allí, vio la imagen completa y realmente nos la dedicó".

Por la noche del Día D, los japoneses continuaron investigando las posiciones de los marines. El fuego de los soldados enemigos pasados por alto y los ataques enemigos protegidos por una cortina de civiles. El 6º de Infantería de Marina se enfrentó al contraataque principal en el flanco izquierdo. Más de dos mil japoneses se trasladaron al sur desde Garapan. Y para las 2200, atacaron. Liderados por tanques, cargaron, pero se encontraron con un muro de fuego de cañones antitanques de 37 mm, ametralladoras calibre .30 y rifles M-1. Fue demasiado para ellos y se retiraron.

Los japoneses se retiraron dejando setecientos hombres muertos y un tanque abandonado. El cuerpo del soldado corneta que hizo sonar la carga se desplomó sobre la escotilla abierta. Una bala había entrado directamente a través de la corneta y le había volado los sesos.

Los proyectiles de iluminación, disparados desde los barcos de la Armada fueron vitales para la defensa de los Marines esa noche y muchas otras noches. Los registros japoneses revelaron que "tan pronto como avanzan las unidades de ataque nocturno, el enemigo señala los objetivos utilizando grandes proyectiles de estrellas que convierten la noche en día. Por lo tanto, la maniobra de las unidades es extremadamente difícil".

Los cansados marines intentaron dormir un poco a lo largo de la irregular línea de trincheras. Dos cosas estaban claras: se habían forzado a sí mismos hacia una peligrosa cabeza de playa a través de los dientes del feroz fuego enemigo, y les esperaba una feroz batalla.

Mientras que los infantes de marina se concentraron en la supervivencia y el terreno inmediato frente a ellos, el Comando Superior consideró el éxito inicial del desembarco como la culminación de meses de planificación, organización y entrenamiento para un ataque estratégico sobre la crucial fortaleza japonesa. La oportunidad para esto surgió de victorias anteriores en el Pacífico Central. La conquista de Tarawa por parte de los marines en noviembre de 1943, seguida de la captura conjunta de Eniwetok y Kwajalein en las Islas Marshall en febrero de 1944, había roto el anillo de las defensas japonesas y había preparado el escenario para operaciones futuras.

Estas victorias anteriores permitieron que el cronograma operativo estadounidense para el Pacífico Central aumentara en tres meses. Luego de discusiones sobre varias alternativas (un ataque a la base japonesa en Truk). El Estado Mayor Conjunto decidió su próximo objetivo: las Islas Marianas. Había tres objetivos principales: Saipan, Tinian y Guam. Una decisión audaz porque Saipan estaba a más de 1.300 millas de las Islas Marshall y 3.200 millas de Hawai, pero a solo 1.250 millas de Japón. Estas islas eran los ejes de la línea defensiva, que los japoneses sentían que tenían que mantener después de las pérdidas anteriores en el suroeste y el Pacífico central.

Saipan también representó un tipo de problema completamente nuevo para un asalto estadounidense. En lugar de una pequeña incrustación de coral plana en un atolón, era un gran objetivo de isla de setenta y dos millas. El terreno variaba desde pantanos hasta campos planos de caña y acantilados escarpados. Los japoneses lo consideraban su territorio, aunque legalmente era solo un mandato proporcionado por los términos del Tratado de Versalles después de la Primera Guerra Mundial. Los japoneses eliminaron a todos los forasteros y comenzaron la construcción militar en 1934.

Atacar un objetivo formidable como Saipan exigía una planificación compleja y una fuerza mucho mayor de la que se necesitó anteriormente en el Pacífico Central. El almirante Raymond A. Spruance estaba al mando general de la fuerza comisionada para invadir las Marianas. El almirante Turner estaba al mando de la Fuerza de Tarea Anfibia. El comandante del cuerpo, el general Holland Smith, recibió la tarea de dirigir las fuerzas de desembarco en Saipan y luego en la vecina isla de Tinian.

El plan operativo para la invasión de Saipan tenía el nombre en código, Forager. Pidió un asalto en el lado occidental de la isla, con la 2da División de la Infantería de Marina a la izquierda y la 4ta División de la Infantería de Marina a la derecha. La 27ma División de la Infantería del Ejército, dirigida por el mayor general Ralph C. Smith, se mantuvo en reserva, lista para ser incorporada a la batalla si fuera necesario. Si bien ambas divisiones de marines habían luchado anteriormente como una unidad completa, la 27ma había experimentado solo dos incursiones menores (en los islotes de Makin y Eniwetok).

Estas tres divisiones se entrenaron intensamente en Hawái. La 4ta División de la Infantería de Marina del general Schmidt se entrenó en Maui. La 2da División de la Infantería de Marina del general Watson en la isla de Hawái (Isla Grande). Y la 27ma División de la Infantería del General del Ejército Ralph Smith en Oahu.

Fueron meses ocupados y de mucho trabajo. Llegaron reemplazos para llenar los vacíos que dejaron las recientes bajas en batalla. Estos hombres necesitaban estar bien versados en todas las complejidades del trabajo de campo. La mayoría de los reemplazos eran chicos recién salidos del campo de entrenamiento, que ignoraban todo excepto lo esencial. Sus semanas consistieron en largas marchas, fuego real, problemas de combate de campo, carreras de obstáculos, judo, peleas callejeras, gimnasia y varias conferencias sobre errores cometidos durante la reciente batalla de Namur. Se hizo un énfasis adicional en cómo atacar posiciones fortificadas. Trabajaron con cargas de demolición de TNT, dinamita y explosivo plástico. Aprendieron a usar lanzallamas hasta que pudieron operarlos hacia adelante y hacia atrás.

En mayo de 1944, las maniobras finales para las incursiones de práctica estaban listas para las tres divisiones. El plan operativo parecía organizado de manera eficiente en el papel. Según un joven teniente de Maui, se veía diferente: "Para nosotros, era lo mismo que habíamos estado haciendo durante un año. Archivando desde los compartimentos debajo de las cubiertas hasta su estación de barco asignada. Pasando por el costado. Apresurándose por la red para batir el cronómetro y entrar en el LVCP (personal de vehículos de la lancha de desembarco). Interminables horas de dar vueltas: mojado, hambriento y aburrido. Las raciones K sabían a aserrín. El clima se puso más duro y algunos de los hombres se marearon mucho. Todos estábamos empapados y muy fríos.

"Cuando finalmente nos dirigimos de regreso al transporte y trepamos por la red de carga, hubo un suspiro de alivio. Al día siguiente volvió a ser lo mismo. Solo que esta vez bajamos a tierra. Mojarse su único par de calcetines y zapatos, caminar por las olas y correr hacia la playa antes de que toda la arena se mezclara dentro de sus zapatos. Órdenes confusas y contradictorias fluyeron a lo largo de la cadena de mando: Avancen, deténganse, vengan aquí, vayan allá".

La fuerza de ataque se reunió en Pearl Harbor. Más de ochocientos barcos partieron en esa armada. Algunos para apoyo de fuego directo de tropas, otros para transporte y algunos (Fuerza de Tarea de Transporte Rápido) realizaron ataques aéreos avanzados y luego se les asignó la tarea de lidiar con cualquier ataque que el aterrizaje provocara por parte de la Armada japonesa.

El V Cuerpo Anfibio del general Holland Smith ascendió a más de 71.000 infantes de marina y tropas del ejército. Zarparon el 25 de mayo con rumbo a Saipán. Las tropas recibieron sus informes finales en el mar. Los mapas de la isla, basados en fotografías aéreas y submarinas recientes, estimaron 15.000 tropas enemigas (resultaron ser más de 30.000) junto con sus planes de ataque detallados para dos divisiones de la Infantería de Marina.

Aviones lanzados desde portaaviones rápidos estadounidenses el 11 de junio. Ablandaron los objetivos enemigos y atacaron la aviación japonesa en sus bases en tierra. Dos días después, la principal flota enemiga se dirigió a las Marianas para una batalla decisiva. Posteriormente, el 14 de junio, los viejos acorazados de la Armada de los EE. UU., Listos para pagar algo por el desastre de Pearl Harbor, se acercaron a Saipán y golpearon a las defensas japonesas con sus armas pesadas. Los UDT (Equipos de Demolición Submarina) realizaban traicioneras inmersiones cerca de las playas de asalto. Revisaron canales, arrecifes y reconocieron las defensas de las playas. Todo estaba listo para la incursión.

El sangriento asunto del Día D fue solo el comienzo, una lucha larga y agotadora aún no había llegado.

Asalto a Saipan

Junio 16-17, 1944

Durante dos días, los marines incursionaron a lo largo de un frente irregular. El 2do de marines se trasladó al norte hacia Garapan. El 8vo al este en los pantanos cerca del lago Susupe. Y el sexto presionó hacia el noreste hacia el Monte Tipo Pali.

Fue un combate cuerpo a cuerpo. Sin excepciones para los comandantes de batallón. El coronel Chambers, al mando de los Marines 3/25 de la 4ta División, describió sus experiencias: "Llegamos a un gigante cráter de bomba. La tierra había sido removida y alrededor había tres marines protegidos por la tierra. Llamé a uno de estos marines y le pregunté qué estaba pasando. Dijo que un cañón antiaéreo estaba justo enfrente de ellos. Me arrastré hasta dos pies de la parte superior de esa tierra y levanté mis manos para verlo por mí mismo.

"A menos de treinta metros, estaba mirando por la boca de un cañón antitanque de 88 mm. Los japoneses habían hecho girar la maldita cosa y la habían apuntado colina arriba. Miraba claramente por su hocico. Me dejé caer lo más rápido que pude y luego la maldita arma se disparó. El proyectil atravesó el lado más alejado del cráter de la bomba y rozó la tierra cerca de donde yo estaba. Le arrancó la cabeza al Marine que estaba a mi lado. El proyectil aterrizó y detonó diez metros más allá de mí. Más tarde ese mismo día, tuvimos otra llamada cercana.

"Avanzamos y descubrimos algunas áreas de suministros japoneses. Uno era un depósito de munición. A las 1500, los japoneses volaron el basurero donde yo estaba parado y causaron muchas víctimas por conmociones cerebrales, incluyéndome. Todavía no recuerdo nada al respecto. Los marines me dijeron que cuando ocurrió la explosión, me lanzó al aire, di una vuelta completa y luego caí de bruces".

En la noche del 16, los japoneses lanzaron un gran ataque contra el 6º de la Infantería de Marina. Esta vez con cuarenta y cuatro tanques. Esa batalla fue un manicomio de rastreadores de ruido y luces intermitentes. Cuando los tanques fueron alcanzados e incendiados, se perfilaron otros tanques que salieron de las sombras parpadeantes al frente. Los marines dispararon con lanzagranadas, lanzacohetes de 2,36 pulgadas, cañones autopropulsados de 75 mm, artillería y tanques. Cuando todo terminó y amaneció, los cascos destrozados de veintisiete tanques japoneses yacían humeando.

En el pantano de Susupe, los marines se dirigieron tierra adentro hacia el este hacia el objetivo del aeródromo de Aslito. En peligro por extender demasiado sus líneas. El General Holland Smith sacó de reserva a la 165va infantería y la envió a tierra para reforzar la 4ta división de la infantería de marina. El mismo día, el General Ralph Smith desembarcó para comandar las unidades adicionales de la 27ma División de Infantería del Ejército cuando desembarcaron.

Con el 24° de Marines en su flanco izquierdo y el 165° de Infantería en su derecha, el 25° de Marines avanzó hacia el borde norte del Aeródromo de Aslito a última hora del 17 de junio. Las patrullas encontraron la pista de aterrizaje abandonada, pero el 165° (encargado de capturarlo) esperó hasta el día siguiente.

El mismo día, 17 de junio, el almirante Spruance tomó una decisión de mando crítica. La formidable flota principal japonesa se acercó a Saipán. Ordenó a sus portaaviones que se encontraran con los barcos enemigos. Esa noche, retiró sus barcos de suministro y transportes desde sus posiciones en alta mar a una distancia segura de la amenaza japonesa.

Junio 18, D +3

CUANDO LOS FUSILEROS despertaron al día siguiente, miraron con asombro un océano vacío. Oleadas de preguntas ansiosas debieron haber recorrido sus mentes. ¿Dónde diablos están nuestros barcos? ¿Qué pasara con nuestra comida y municiones? ¿Tendremos la iluminación de proyectiles estelares y el apoyo de los disparos navales? El fusilero en la primera línea de combate no tenía forma de saber que ya se habían descargado 33.000 toneladas de pertrechos antes de que los barcos se retiraran.

Esa misma mañana, el objetivo de ataque de la 4ta División de la Infantería de Marina era la toma de la línea O-3. Esto significaba dividir las fuerzas japonesas en dos al llegar a la costa este de Saipan. Pero primero, el 23° de Infantería de Marina tuvo que apoderarse de una parte de la línea O-2 en su zona. Esa sería la línea de partida de la división. Significando que toda la división, con sus tres regimientos de infantería, los marines 23, 24 y 25, saltaron a las 10.40.

Tanto el 24 como el 25 de la Infantería de Marina pudieron llegar a O-3 antes del anochecer.

El intenso fuego japonés de morteros y ametralladoras paralizó al 23° de la Infantería de Marina. El bombardeo se produjo desde el este del lago Susupe en la línea fronteriza que separaba las dos divisiones de marines. Esto hizo que fuera incierto qué división era responsable de destruir esas posiciones enemigas. Era imposible dispararles con artillería por miedo al fuego amigo. Como resultado, el 23° de la Infantería de Marina sufrió numerosas bajas. Al final de los días, todavía existía una brecha entre la 2da y la 4ta División de la Infantería de Marina.

En combate, lo extraño puede convertirse en rutina. Uno de las semiorugas de 75 mm del 23° de Infantería de Marina disparó contra una cueva japonesa. Brotó una densa nube de humos tóxicos. Sonó una alarma de gas. Eso fue un problema serio porque los fusileros habían abandonado durante mucho tiempo las pesadas máscaras de gas. El alivio inundó a los hombres cuando determinaron que los vapores no eran venenosos y provenían del ácido pícrico que los japoneses almacenaban en la cueva.

En la zona norte de la 2da División, la 8va de la Infantería de Marina luchó encarnizadamente para controlar la colina 240. Un cocotal fuertemente defendido requería fuego de saturación de la artillería de la 10ma Infantería de Marina antes de que los fusileros pudieran abrirse camino y destruir al enemigo. En la noche del 18 de junio, las dos divisiones de marines habían sufrido más de cinco mil bajas.

Gran Cacería de Pavo en las Marianas

Junio 19-22, 1944

El evento más significativo de toda la campaña de Saipán tuvo lugar en el mar. Las dos fuerzas de tarea de portaaviones se enfrentaron en una colosal batalla aérea. Para cuando terminó, los japoneses habían sufrido una devastadora pérdida de trescientos treinta aviones de los cuatrocientos treinta que habían lanzado. Los aviadores de la Marina de los EE. UU. Lo llamaron "La Gran Cacería de pavo de las Mariana" debido a la pérdida extrema infligida a los japoneses.

Con la ayuda de submarinos estadounidenses y ataques adicionales de aviones de transporte al día siguiente, el intento japonés de relevar a Saipan fue aplastado por una decisiva victoria naval estadounidense. La ruina de la guarnición enemiga estaba ahora asegurada. Los barcos de suministro estadounidenses regresaron a la costa para descargar el cargamento restante.

Durante ese tiempo, la 105a Infantería se movió lentamente a lo largo de la costa sur. Se unieron a la 165a Infantería, bloqueando a los supervivientes japoneses en el Punto Nafutan. Una vez que los japoneses quedaron atrapados, se asignó a la 105a para acabarlos. El resto de la 27ª División, incluida la 165ª de Infantería, recibió la orden de avanzar al norte como reserva.

Del 19 al 22 de junio marcó un cambio de dirección para las tropas estadounidenses. Al girar el 2° de la Infantería de Marina hacia el flanco izquierdo a lo largo de la costa occidental, otros regimientos de la Marina se desviaron de su avance, que había arribado a la costa este en la bahía de Magicienne.

El 20 de junio, la 4ª División se enfrentó a un objetivo clave. Un joven teniente recordó más tarde: "Tuvimos la oportunidad perfecta de presenciar a un batallón del 25° atacar. Estaban en acción a menos de un cuarto de milla de nosotros. Todo el paisaje se extendía ante nosotros. Atacaron la colina 500, la característica de terreno dominante de toda el área. Era obvio que estaban chocando contra una sólida pared de fuego japonés. Usando artillería sincronizada fuego, humo y tanques, irrumpieron en la cima y la tomaron. El uso de esos brazos de soporte fue un espectáculo abrumador. Desde nuestro punto de vista, vimos el fuego sincronizado rugiendo en las entradas de la cueva y bajando la ladera de la colina como si estuviera bajando por una escalera de mano. En los niveles inferiores, los tanques lanzallamas hicieron brotar sus chorros de napalm hacia arriba sobre otras cuevas. Fue todo un espectáculo."

Del 19 al 22 de junio marcó un cambio de dirección para las tropas estadounidenses. Al girar el 2° de la Infantería de Marina hacia el flanco izquierdo a lo largo de la costa occidental, otros regimientos de la Marina se desviaron de su avance, que había arribado a la costa este en la bahía de Magicienne.

El 20 de junio, la 4ª División se enfrentó a un objetivo clave. Un joven teniente recordó más tarde: "Tuvimos la oportunidad perfecta de presenciar a un batallón del 25° atacar. Estaban en acción a menos de un cuarto de milla de nosotros. Todo el paisaje se extendía ante nosotros. Atacaron la colina 500, el punto de terreno dominante de toda el área. Era obvio que estaban chocando contra una sólida pared de fuego japonés. Usando artillería sincronizada, fuego, humo y tanques, irrumpieron en la cima y la tomaron. El uso de esos brazos de apoyo fue un espectáculo abrumador. Desde nuestro punto de vista vimos el fuego sincronizado rugiendo en las entradas de la cueva y bajando la ladera de la colina como si estuviera bajando por una escalera de mano. En los niveles inferiores, los tanques lanzallamas hicieron brotar sus chorros de napalm hacia arriba sobre otras cuevas. Fue todo un espectáculo."

En el área de la 2ª División, la 8ª de la Infantería de Marina giró para atacar hacia el norte en las estribaciones del monte Tapotchau. Ambas divisiones de la Infantería de Marina se enfrentaban ahora a graves problemas. Su avance hacia el norte fue detenido por la principal línea de defensa del teniente general Yoshitsugu Saitō, que corría de este a oeste a través de la isla. El terreno al que tenía que dirigirse el ataque era una pesadilla de cuevas, colinas, valles, barrancos y acantilados, fortificados y defendidos hasta la muerte por las tropas japonesas.

El 21 de junio, las tropas de primera línea obtuvieron una licencia. Descansaron en sus posiciones, recuperaron el sueño que tanto necesitaban, tomaron un poco de agua e incluso comieron una comida caliente. Recibieron sus primeras raciones 10 en 1 además de sus raciones K.

Se realizaron preparativos intensivos para un ataque coordinado de ambas divisiones de marines al día siguiente. Se reunieron dieciocho batallones de artillería para apoyar el fuego. La eficiencia del combate fue calificada como satisfactoria, a pesar del aleccionador total de más de seis mil bajas.

El 22 de junio, los marines atacaron a lo largo de la línea. El 6º de la Infantería de Marina invadió partes del monte Tipo Pali, mientras que el 8º de la Infantería de Marina se abrió camino hacia el laberinto de barrancos y crestas que formaban las estribaciones del monte Tapotchau.

En el flanco derecho, el 24º de la Infantería de Marina se vio obligado a dedicarse a la complicada tarea de la voladura de cuevas a lo largo de la bahía de Magicienne. En uno de los pelotones de morteros, tuvo lugar un encuentro extraño como lo describió el teniente Joe Cushing:

"Me incliné sobre uno de mis morteros y comprobé su posición cuando sentí un golpecito en mi hombro y un tipo me preguntó: 'Oye Mac, ¿eres un marine? Me di la vuelta y un oficial japonés se paró a menos de treinta centímetros de mí. Me dejé caer al suelo sin palabras, y uno de mis hombres acribilló a ese japonés de la cabeza a los pies".

A la izquierda del área de la 4ª División, la 25ª de la Infantería de Marina avanzó 2.400 yardas. Las líneas de avanzada llegaron a un área donde la península de Kagman se dirigía hacia el este. Esto resultó en una fachada sustancialmente mayor que las dos divisiones de marines no pudieron cubrir. Para hacer frente a esto, el General Holland Smith ordenó su reserva, la 27a División de la Infantería del Ejército al centro de la línea y dejó un batallón de la 105a de la Infantería en la retaguardia para continuar su intento de eliminar las fortificaciones japonesas en el puente del Punto Nafutan.

El 22 de junio marcó la llegada del 19° Escuadrón de Cazas de la Fuerza Aérea del Ejército de los Estados Unidos. Los P-47 Thunderbolt, lanzados desde portaaviones de escolta de la Armada, aterrizaron en el aeródromo de Aslito. Los P-47 fueron equipados con bastidores de lanzamiento para cohetes por personal de tierra después de que aterrizaron. Más tarde ese día, ocho aviones despegaron en la primera misión de apoyo de la campaña de Saipán. Solo había dos escuadrones de observación de la Marina, el VMO-2 y el VMO-4, involucrados en la batalla por Saipan. Proporcionaron una valiosa localización de artillería a las dos divisiones de marines.

Mientras ocurrían estos avances en la vida básica más profunda de los pelotones de infantería, los días de incesante presión de combate se plasmaron en el impacto de las tareas regulares en niveles de alto estrés en los comandantes de pelotón: "Realicé una inspección final de la posición del pelotón y luego caí, exhausto. Cuando fue mi turno de montar guardia, necesité toda reserva de fuerza de voluntad y fuerza física para levantarme y permanecer de guardia. Durante horas, alterné entre luchar contra la somnolencia y reconocer los ruidos y movimientos que nos rodeaban. Vi una forma oscura, más oscura que las otras sombras. Era del tamaño de la cabeza de un hombre. Observé durante mucho tiempo, nervioso, con el dedo en el gatillo de mi carabina M-1. Se movió. Disparé un tiro. No pasó nada. Habría sido un suicidio ir a investigar. En la oscuridad y la jungla, mis hombres me habrían disparado en un segundo. Entonces, cuando llegó el momento de mi relevo, señalé el objeto sospechoso al siguiente hombre y le dije que mirara de cerca. Luego me derrumbé en un sueño profundo, muerto de cansancio.

"Al amanecer, lo primero que hice fue mirar por donde había disparado la noche anterior. Tumbada sobre una roca había una máscara de gas de uno de mis hombres. El dueño había estado durmiendo junto a ella, un milagro que no hubiera sido herido".

Los Marines Atormentan a Garapan

Julio 1-4, 1944

El General Holland Smith centró su atención en los planes operativos para conducir a través del tercio norte de Saipán. Tenía la intención de llevar la campaña a un final exitoso, aunque sangriento. Su siguiente objetivo fue hacia el este a través de la isla hasta Tanapag y luego hasta Garapan en la costa oeste. La 2da División de la Infantería de Marina se mantendría en reserva cerca del Punto Flores.

Esto dejó a la 4ta División de la Infantería de Marina y la 27ma División de la Infantería listas para atacar a las tropas y defensas del General Saitō. La asignación más fácil durante ese período recayó sobre los hombros de la 4ta División de la Infantería de Marina en la costa este. Avanzaron más de tres mil yardas contra una ligera oposición, girando a la izquierda y terminando el 4 de julio con su flanco izquierdo a menos de dos mil yardas al norte de Tanapag.

Lo que parecía una ligera oposición al General Schmidt en su puesto de mando divisional se lucía bastante diferente a un teniente cansado que describió un pelotón de fusileros típico la mañana del 1ro de julio: "Me llevé al resto de mis hombres y peinamos con cautela el área. Era un lugar terrible. Las rocas y las enredaderas estaban tan entrelazadas que formaban una barrera impenetrable. La visibilidad estaba limitada a solo unos pocos pies. Después de que mi sargento resultara herido, la atmósfera del lugar se volvió aún más tensa.

"Encontramos algunas grietas en las rocas en las que los japoneses podrían estar escondidos. Traté de llamarlos con nuestras frases de combate japonesas para que salieran y se rindieran. Eso resultó infructuoso. Los japoneses sabían exactamente dónde estábamos. No tenía ni idea de dónde estaban ellos. Traté de maniobrar un lanzallamas a una posición en la que pudiera disparar sobre la grieta sin convertirse en un objetivo. Pero debido a la composición del suelo, eso resultó imposible.

"Fue entonces cuando escuchamos un disparo a nuestra izquierda. Nos dirigimos a investigar y luego se desató el infierno. Un arma japonesa automática se abrió a nuestra izquierda. Todos salimos a la cubierta. Nadie fue herido (para variar). Pero no pudimos localizar el arma. Llamé al hombre del flanco izquierdo. Sin respuesta. ¿Qué sucedió?

"Más fuego enemigo salpicó nuestro pequeño grupo de marines. La fuente estaba encima de nosotros. Le dije a dos de mis hombres que lanzaran granadas al área de donde pensaban que venía el fuego, a seis metros de distancia. Debajo de esa cobertura, hicimos avanzar a un fusilero un par de metros para apuntar a ese japonés, pero no pudo detectarlo y el fuego enemigo se hizo más intenso.

"Aquí estábamos, aislados del resto de la compañía con sólo seis de nosotros restantes, nuestro hombre de flanco había desaparecido. Recibimos fuertes disparos de un número indeterminado de japoneses que no pudimos ubicar justo en nuestro medio. Algunos hombres se estaban poniendo nerviosos, así que traté de estar lo más calmado y tranquilo que pude, aunque no me sentía así por dentro. Regresé al otro extremo de la cima de la colina y le informé al comandante de nuestra compañía por teléfono. Si pudiera conseguir su aprobación, entonces [contactaría a otro de nuestros pelotones] en busca de refuerzos, y podríamos regresar a esta área y limpiar el enjambre japonés.

"Nuestro avance implacable contra las defensas japonesas a menudo resultaba en encuentros cara a cara. Después de tres días, vi otro notable acto de valentía: tres de nuestros tanques llegaron por la carretera. Giraron hacia el sur, lo que los sacó del terreno elevado y los llevó a una cueva con literalmente cientos de japoneses, pululando por todos nuestros tanques. Observamos y escuchamos al teniente que les ordenó gritar pidiendo ayuda en la radio, y no lo culpo. Formaron un triángulo y se cubrieron lo mejor que pudieron".

El oficial al mando más cercano a la crisis era el teniente coronel Hollis "Musty" Mustain, a cargo de los Marines 1/25. Más tarde recordó el incidente: "Mi director ejecutivo era un comandante regular llamado Fenton Mee. Estábamos juntos y cuando los operadores de radio nos dijeron lo que estaba pasando. Me volví hacia Mee y le dije: "Haga entrar a algunas personas y saque esos malditos tanques". El mayor Mee se volvió hacia su Puesto de Comando del batallón (todo el personal) y dijo: "Vamos". Luego se dio la vuelta y partió. Todavía puedo ver su rostro como si fuera ayer; debió haber imaginado que lo iban a matar. Pero llegaron allí y los japoneses se retiraron. Eso salvó a nuestros tanques. Fue una de las cosas más valientes que vi hacer a alguien".

Para el 4 de julio, sólo quedaban seis oficiales de veintiocho, y trescientos soldados de los seiscientos noventa permanecían en esas compañías. Incluida la compañía del cuartel general, solo quedaron 468 hombres en la fuerza original del batallón de más de 1.050. Una compañía de rifles tuvo que ser disuelta. Otro batallón repitió ese número macabro con veintidós oficiales muertos de veintinueve y cuatrocientos noventa soldados muertos o heridos en combate.

La 27ª División de Infantería avanzó en el centro de la línea de ataque. Lo pasaron mucho mejor que en la experiencia de molienda por la que habían pasado anteriormente. Su avance también se desvió hacia la izquierda y contra una "resistencia insignificante" con el enemigo en plena huida.

La 2ª de la infantería de marina irrumpió en Garapan y se apoderó del cerro Flametree. El regimiento encontró la ciudad en ruinas.

La ciudad había sido arrasada por la artillería de la marina y los disparos navales. Techos de metal retorcido cubrían el área, protegiendo a los francotiradores japoneses. Varias casamatas hábilmente ocultas estaban esparcidas entre las ruinas. Los ingenieros cubiertos por fusileros, se deslizaron detrás de los obstáculos y colocaron explosivos mientras los lanzallamas abrasaban el frente. Con la ayuda de tanques y cañones autopropulsados de 75 mm los de La 2ª de los marines eliminaron la resistencia dispersa antes del anochecer.

En las playas, la supresión del fuego de los LVT (A) del 2º Batallón Blindado de Anfibios destruyó las armas japonesas cerca del agua. La 2ª de la infantería de marina se movió más allá de la ciudad hacia el Punto Flores, a medio camino de Tanapag. Sus uniformes estaban sucios. Rígidos por el sudor y la suciedad de dos semanas de feroces luchas. Los infantes de marina sumergieron alegremente la cabeza en el agua fría del océano.

Las otras dos divisiones habían desviado su ataque hacia la izquierda y ya habían llegado a la costa noroeste. La 2ª División de Infantería de Marina entró en reserva como estaba previsto el 4 de julio. El general Holland Smith anticipó el final a la vista para Saipán. Quería hacer descansar a la 2ª División y usarla para el próximo asalto a la vecina isla de Tinian.

Los japoneses se retiraron a una línea defensiva al norte de Garapan. El ataque estadounidense no solo destrozó su mano de obra, artillería y tanques, sino que el enemigo estaba desesperado por comida. Muchas tropas japonesas hambrientas se dedicaron a comer hierba del campo y corteza de árbol.

Tenno Haika! Banzai

Julio 5-8, 1944

La retirada japonesa dejó a muchos de sus hombres en cuevas para luchar hasta la muerte. Esta táctica planteó a las tropas estadounidenses la cuestión de si los civiles ocultos en el interior debían salvarse.

El primer teniente Fred Stott de los Marines 1/24 escribió acerca de sus experiencias: "Era el vigésimo primer día de la batalla, y caminamos penosamente por un sendero sinuoso para relevar al 23° de los Marines para un ataque programado a las 13:00. Siguió un típico bombardeo de artillería. mediante cohetes que *levantaron la moral*, se desató contra los japoneses que habitaban en cuevas. Pero ninguno fue efectivo. Los japoneses utilizaron a hombres, mujeres y niños civiles como señuelos. El costo fue elevado. Los soldados japoneses vestidos como prisioneros civiles lograron matar a una docena de hombres de la Compañía A".

Este tipo de guerra traicionera continuó. Al día siguiente, el primer teniente Stott describió cómo lidiaba con el engaño japonés: "Unos pocos japoneses se hicieron la zarigüeya untando la sangre de otros japoneses muertos sobre sí mismos y quedándose quietos mientras los marines se acercaban. Les di instrucciones a mis marines para que "lo pegaran si no apestaba". Los marines tenían el terrible deber de atravesar todos los cuerpos con la bayoneta.

"También recogimos prisioneros civiles, incluidos mujeres y niños. Los marines corrieron serios riesgos. Entraron en cuevas, sin saber si había soldados escondidos en su interior, para rescatar a civiles. En el momento en que sacaron a los civiles, los alimentaron con parte de sus raciones y les ofrecieron cigarrillos a los hombres".

Después de que la 2ª División fue puesta en reserva, el General Holland Smith tuvo claro que vendría un ataque banzai. Advirtió a todas las unidades que estuvieran alerta y realizó una visita personal el 6 de julio al General Griner, ahora al mando de la 27ª División de Infantería. Hizo hincapié en la probabilidad de que se produjera un ataque por la costa sobre el llano terreno de la llanura de Tanapag.

El General Holland Smith había estado furioso con el General Ralph Smith, y después de discutir el asunto con el Almirante Turner, Ralph Smith fue relevado del mando de la 27ª División de Infantería el 24 de junio y enviado a Hawai. En la mañana del 25 fue reemplazado temporalmente por el General de división Jaraman, quien luego fue reemplazado por el General de División Griner el 28 de junio. Ese conflicto creó un resentimiento entre la Infantería de Marina y el Ejército "que duró mucho más allá de la guerra".

Si bien el General Holland Smith tenía la autoridad para hacer eso, muchos dijeron que fue una decisión apresurada y que no había considerado el desafiante terreno al que se enfrentó la 27ª División en Saipán. Un informe sobre una entrevista con el General Holland Smith lo parafraseó explicando que su decisión fue la mejor porque, bajo Ralph Smith, los hombres se estaban desperdiciando y morían más de lo necesario, y ni siquiera habían logrado su objetivo mientras las dos divisiones de Marines. había avanzado.

Mientras el General Holland Smith preparaba a sus hombres para un ataque banzai, el General Saitō y sus tropas japonesas fueron acorralados en su sexto y último puesto de mando. Era una cueva miserable al norte de Tanapag en Paradise Valley. Este valle fue golpeado por disparos y artillería naval. A Saitō solo le quedaban fragmentos de sus tropas. Estaba enfermo, hambriento y herido. Saitō dio órdenes para una fanática carga banzai final mientras cometía *harakiri* en su cueva.

El 6 de julio a las 1000, miró hacia el este y gritó: "¡Tenno Haika! Banzai" (Viva el Imperio durante diez mil edades). Primero se sacó sangre con su espada y luego su asistente, con una pistola le disparó a él y al Almirante Chūichi Nagumo en la nuca. Pero no antes de que ordenara el comienzo del ataque final a las 0300 del 7 de julio y dijera [traducido]: "Ya sea que ataquemos o nos quedemos donde estamos, solo hay muerte".

Otra carga enemiga sin cuartel no fue nada nuevo para los marines y soldados en Saipán. Un fusilero relató sus experiencias: "Siempre que arrinconábamos a los japoneses y no había salida, nos enfrentamos a ese maldito ataque banzai. El 23° de Infantería de Marina había luchado contra algunos de esos en nuestras aventuras en Saipán. Temía esos ataques, pero también los recibía con agrado. Si bien infundieron mucho miedo, cuando finalmente terminó, ese sector quedaba libre de japoneses.

"Durante horas, los escuchamos preparándose para un ataque banzai. Era su fin y lo sabían. No se rendirían. Estaba en contra de su formación y herencia. Todo lo que quedó fue una última carga de poner a todas sus tropas en un lugar concentrado, tratando de matar a tantos de nosotros como pudieran".

El relato del fusilero continuó con descripciones dramáticas de la espera estresante que soportó mientras escuchaba los gritos del enemigo y los gritos que se prolongaban durante horas. El ruido aumentaba a medida que los morteros y la artillería de los marines golpeaban contra los gritos, lo que se sumaba al estruendo ensordecedor. Los marines esperaban en las trincheras con los cartuchos de munición colocados cerca para poder recargar rápidamente. Fijaron bayonetas a sus rifles, se aseguraron de que los cuchillos estuvieran sueltos en sus vainas. Esperaron nerviosos por los inminentes ataques.

Al escuchar los gritos, sus sentidos estaban alerta y finamente sintonizados. Pero hubo un silencio. Un silencio que señaló el avance del enemigo. Luego: "Lo que sonó como mil personas gritando a la vez. Una horda de locos salió de la oscuridad. Los gritos de "banzai" ahogaron el aire: los oficiales japoneses condujeron a esos "demonios del infierno" con sus espadas desenvainadas y agitando en círculos sobre sus cabezas. Los soldados japoneses siguieron a sus oficiales, disparando sus armas y gritando "banzai" mientras cargaban.

"Nuestras armas se activaron. Morteros y ametralladoras dispararon como pandilleros. No dispararon en ráfagas de tres o cinco, pero cinturón tras cinturón de munición atravesó el arma. El artillero hizo girar el cañón hacia la izquierda y hacia la derecha. Los cuerpos japoneses se amontonaron frente a nosotros, pero aun así cargaron, atropellando los cuerpos caídos de sus compañeros. Los tubos de mortero y los cañones de las ametralladoras se calentaron tanto por el fuego rápido que ya no se pudieron usar.

"Si bien cada ataque había cobrado su precio, todavía llegaron en masa. Hasta el día de hoy, incluso ahora puedo visualizar al enemigo a solo unos metros de distancia, con las bayonetas apuntando hacia nosotros mientras vaciamos un cargador tras otro en ellos. Su impulso los llevó a nuestras trincheras, justo encima de nosotros. Luego, después de quitarme el cadáver japonés, recargaba y volvía a hacerlo.

"Gritos ensordecedores, balas zumbando a nuestro alrededor, el hedor a muerte y el olor a pólvora japonesa impregnaban el aire. Estaba lleno de miedo, odio y ganas de matar. Creía que los japoneses eran un animal salvaje, un diablo, una bestia, no un ser humano. El único pensamiento que tenía era matar, matar, matar, hasta que finalmente terminó".

Ese fue el caos que el General Holland Smith predijo como el esfuerzo espástico final de los japoneses. Y llegó en las primeras horas de la mañana del 7 de julio. El momento crucial en la Batalla de Saipan.

El objetivo táctico japonés era atravesar Garapan y Tanapag, llegando hasta Charan-Kanoa. Fue una terrible carga de fuego y carne, primitiva y salvaje. Algunas de las tropas japonesas solo estaban armadas con piedras o con un cuchillo montado en un poste.

Esta carga de banzai también afectó a la 105ª infantería atrincherada para pasar la noche en la línea principal de resistencia. Con el cuartel general del regimiento directamente detrás de ellos, la 105ª dejó un espacio de quinientas yardas entre ellos que planeaban cubrir con fuego. Los japoneses encontraron esta brecha, la atravesaron y se dirigieron atropelladamente hacia el cuartel general del regimiento. Los hombres de los batallones de primera línea lucharon valientemente pero no pudieron detener el ataque banzai.

Detrás de la 105ª había tres batallones de artillería del 10º de la Infantería de Marina. Los artilleros no podían cargar sus fusiles lo suficientemente rápido, incluso cuando se redujeron a cinco décimas de segundo, para detener al enemigo japonés encima de ellos. Bajaron la boca de sus obuses de 105 mm y arrojaron fuego de rebote haciendo rebotar los proyectiles del suelo. Muchas de sus otras armas no pudieron disparar en absoluto porque las tropas del ejército delante de ellos se mezclaron con los atacantes japoneses.

Los marines de los batallones de artillería dispararon todos los tipos de armas pequeñas que pudieron. Uno de sus batallones casi fue aniquilado cuando el comandante del batallón murió. Los campos de caña del frente estaban llenos de tropas enemigas. Los cañones fueron invadidos y los artilleros de la Infantería de Marina, después de quitar las cerraduras de disparo de sus cañones, retrocedieron y se unieron a la lucha como infantería.

Cuando la tormenta de fuego estalló el día 105, se ordenó a los hombres de la cercana 165ª Infantería "que se pararan dónde estaban y dispararan a los japoneses" sin avanzar. A las 1600 de esa tarde, después de acudir en ayuda del destruido 105ª, el 165 estaba todavía a trescientas yardas de hacer contacto.

La lucha salvaje cuerpo a cuerpo le quitó el impulso a la oleada japonesa. Finalmente fueron detenidos por el 105ª, a menos de ochocientas yardas al sur de Tanapag. Hacia 1800, se había recuperado el terreno perdido.

Un día impactante de bajas. Los dos batallones de la 105ª infantería sufrieron 917 bajas y mataron a 2.291 japoneses. Un batallón de artillería de la Infantería de Marina tuvo 127 bajas, pero logró 322 del enemigo. El recuento final de los japoneses muertos alcanzó un asombroso total de 4.321, algunos debido al fuego de los proyectiles, pero la gran mayoría murieron en la carga de banzai.

Durante el derramamiento de sangre, hubo innumerables actos de valentía. Reconocidos y luego galardonados con la Medalla de Honor del Ejército por liderazgo y "resistencia a la muerte" fueron el Coronel del Ejército William O'Brien, al mando de un batallón del 105º, y uno de los líderes de su escuadrón, el Sargento Tom Baker.

Si bien la mayor parte de la atención se centró en la sangrienta batalla costera, el 23º de Infantería de Marina atacó a una fuerte fuerza japonesa bien protegida por cuevas en un acantilado tierra adentro. La clave para eliminarlos fueron los lanzacohetes montados en camiones, bajados por el acantilado mediante cadenas atadas a tanques. Una vez bajados a la base, su fuego, complementado con cañoneras de cohetes en alta mar, extinguió la resistencia enemiga restante.

Al día siguiente, el 8 de julio, vio el principio del fin. Los japoneses gastaron lo último de su mano de obra en cargas banzai. Ahora era el momento de la limpieza final estadounidense. Los LVT rescataron a hombres de la 105ª de la infantería que habían vadeado desde la orilla hasta el arrecife para escapar de los japoneses. El general Holland

Smith volvió a poner en reserva a la mayor parte de la 27ª División de Infantería. Luego volvió a poner a la 2ª División de la Infantería de Marina en la línea de ataque con la 105ª de la Infantería adjunta. Junto con la 4ª División de Infantería de Marina, se dirigieron hacia el norte hacia el final de la isla.

A lo largo de la costa hubo un espectáculo extraño que presentó un final macabro a la campaña: las tropas japonesas en el área se habían destruido con ataques suicidas desde los altos acantilados hasta la playa rocosa de abajo. Se observó a las tropas japonesas, junto con cientos de civiles, vadeando hacia el mar y ahogándose. Algunas tropas cometieron *harakiri* con cuchillos o se destruyeron con granadas. Algunos oficiales incluso usaron sus espadas para decapitar a sus tropas.

Autodestrucción Increible

Julio 9, 1944

Sería el último día de una campaña brutal. El 4º de la Infantería de Marina llegó al Punto Marpi en el extremo norte de la isla, mientras que el 6º y el 8º de la Infantería de Marina descendieron de las colinas para ocupar las últimas playas del oeste.

El coronel Chambers observó cómo se desarrollaba esa sombría escena: "Nos movimos a lo largo de los acantilados y cuevas, descubriendo civiles en el camino. Los soldados japoneses se negaron a rendirse y no permitieron que los civiles se rindieran. Vi cómo las mujeres, algunas con niños, salían a trompicones de las cuevas hacia nuestras filas. Fueron derribados por tropas japonesas por la espalda. Vi a otras mujeres cargando niños salir a los acantilados que caían al océano.

"Estos eran acantilados escarpados. Algunas mujeres bajaron y arrojaron a sus hijos al océano y saltaron tras ellos para suicidarse. Vi a un grupo de unos nueve hombres, mujeres y niños civiles que se amontonaban y se volaban. Fue la cosa más triste y terrible que haya visto en mi vida y, sin embargo, supongo que era bastante consistente con el código japonés de Bushido".

Otro lugarteniente de la misma división presenció otras increíbles formas de autodestrucción: "Se convocó a los intérpretes, que pidieron con un amplificador que los civiles se adelantaran y se rindieran. Sin movimiento al principio. Entonces la gente se acercó en una masa compacta. Parecían ser predominantemente civiles, pero se podían ver varios uniformes dando vueltas entre la multitud, usando a los civiles como protección.

"Mientras se acurrucaban más cerca, escuchaba un canto extraño. Luego se desplegaba una bandera del Sol Naciente. El movimiento se volvía más agitado. Los hombres saltaban al mar. El cántico daba paso a gritos de sorpresa y luego al estallido de granadas explosivas. Era un puñado de soldados decididos a evitar la rendición o la fuga de los civiles lanzando granadas contra la multitud de hombres, mujeres y niños. Luego, los japoneses se zambulleron en el mar, del que era imposible escapar. La explosión de granadas hizo añicos a la multitud en pedazos de heridos y moribundos. Fue la primera vez que vi agua enrojecida con sangre humana".

Este tipo de fanatismo caracterizó a los japoneses. No es de extrañar que se conociera la muerte de más de 23,800 enemigos, con incontables miles de otros carbonizados por lanzallamas o sellados para siempre en cuevas. Solo se tomaron 736 prisioneros de guerra, de los cuales 430 eran coreanos. Las bajas estadounidenses ascendieron exactamente a 16.612.

El 9 de julio a las 1615, Saipán fue declarado asegurado (aunque la limpieza continuó durante mucho tiempo). Posteriormente, la 4ª división de la Infantería de Marina recibió la Mención de Unidad Presidencial por su destacada actuación en combate en Saipan y su posterior asalto a la vecina isla de Tinian.

El Legado de Saipan

Los combates en Saipán no solo causaron muchas bajas estadounidenses, sino que presagiaron los sangrientos combates que se avecinaban en el Pacífico occidental y central. El General Holland Smith lo llamó "la batalla decisiva para la ofensiva del Pacífico y abriendo el camino a las islas de origen".

El General japonés Saitō escribió: "El destino del Imperio se decidiría en esta única acción". Otro almirante japonés había estado de acuerdo: "Nuestra guerra se perdió con la pérdida de Saipan". Ese fue un golpe verdaderamente estratégico para la victoria en la Guerra del Pacífico.

La prueba de esas decisiones vitales se demostró cuatro meses después, cuando cien bombarderos B-29 despegaron de Saipan con destino a Tokio. Hubo otros resultados significativos. Estados Unidos había asegurado una base naval avanzada para realizar ataques de castigo cerca de las costas enemigas. El emperador Hirohito se vio obligado a considerar un arreglo diplomático de guerra. El General Tojo, el primer ministro, y todo su gabinete cayeron del poder el 18 de julio, nueve días después de perder Saipán.

Las lecciones aprendidas en esta espantosa campaña se aplicarían a futuras operaciones anfibias. Los defectos se analizarían y corregirían. La clara necesidad de mejorar el apoyo de la aviación para las tropas terrestres condujo a mejores resultados en las Islas Filipinas y Okinawa e Iwo Jima. Las misiones de avistamiento de artillería llevadas a cabo por el Escuadrón de Observación Marina (VMO-2 y 4) establecieron un patrón para el uso de aviones ligeros en el futuro.

También se examinó de cerca el apoyo de los disparos navales. El General Saitō escribió: "Si no hubiese habido disparos navales, podríamos haber luchado con el enemigo en una batalla decisiva". Pero los barcos de la Armada estadounidense dispararon más de 8.500 toneladas de municiones. La trayectoria de los cañones navales planos resultó ser algo limitante, ya que los proyectiles no tuvieron el efecto de penetración y hundimiento necesario contra las fortalezas japonesas.

Las lecciones aprendidas de la confusión de suministro que empañó los primeros días en las playas habían mejorado poco desde los días del desembarco de Guadalcanal. Los problemas logísticos surgieron porque: una vez que una playa estuvo en manos amigas, los barcos descargaron lo más rápido posible y los marineros en la lancha de desembarco se apresuraron a entrar a las playas y volver a salir. Los suministros se esparcieron por toda la playa, en parte debido al fuego de hostigamiento de artillería y mortero del enemigo en las playas, pero también debido al duro ataque rápido de la Infantería de Marina.

Las estimaciones de los requisitos de reabastecimiento eran demasiado pequeñas. Por ejemplo, nunca se corrigió la escasez de baterías de radio. No hubo tiempo suficiente para clasificar y separar el equipo y los suministros de manera adecuada. Esto provocó confusiones con los uniformes de los marines que ingresaban a los vertederos del Ejército, y un suministro del Ejército aparecía en los vertederos de los Marines.

Después del caos de la playa en Saipan, la Marina decidió organizar una fiesta en tierra permanente para el futuro. Sería responsable del movimiento de todos los suministros desde la playa a los vertederos y luego el posterior envío a las divisiones.

Las lecciones tácticas aprendidas también fueron nuevas para la guerra del Pacífico. En lugar de asaltar un pequeño atolón, la lucha había sido de movimiento en una considerable masa de tierra, complicada aún más por un laberinto de cuevas y sistemas defensivos japoneses. El enemigo había defendido cuevas antes, pero nunca a una escala tan grande. En Saipan, esas cuevas fueron artificiales y naturales. A menudo, la vegetación les dio un excelente camuflaje. Algunas cuevas tenían puertas de acero que podían abrirse para disparar una pieza de artillería o una ametralladora y luego retirarse antes de que el fuego de respuesta pudiera destruirlas. Los tanques de lanzamiento de llamas resultaron útiles para llegar a esas cuevas, pero el alcance era limitado en Saipan. Eso se mejoró para operaciones futuras.

Las desafiantes experiencias en Saipan llevaron a una variedad de cambios que salvaron vidas estadounidenses en futuras campañas del Pacífico. Perder la isla fue un ataque estratégico del que los japoneses nunca se recuperarían, mientras Estados Unidos avanzaba hacia la victoria final.

General Holland M. Smith

Nacido en 1882, el general Holland Smith se convirtió en uno de los marines más famosos de la Segunda Guerra Mundial. Fue comisionado como segundo teniente en 1905 y asignado al extranjero. Sirvió en Nicaragua, Santo Domingo, Filipinas y con la brigada de la Infantería de Marina en Francia durante la Primera Guerra Mundial.

A principios de la década de 1930, se concentró en desarrollar estrategias y tácticas de guerra anfibia. Poco después del estallido de la guerra con Japón en 1941, recibió un puesto clave: el mando de todos los marines en el Pacífico central.

Descrito por un compañero oficial de la Infantería de Marina como "de mediana estatura, tal vez un metro setenta y cinco y algo barrigón. Su cabello, una vez negro, ahora es gris. Su bigote, una vez recortado al ras, desaliñado. Llevaba gafas con montura de acero y fumaba puros sin cesar ".

Tenía otro rasgo que lo caracterizaba: un temperamento tan feroz que se ganó el apodo de "Loco Aullador" Smith; sus amigos cercanos lo conocían como Hoke.

Su temperamento feroz solía emerger como irritación por lo que sentía eran actuaciones inadecuadas. Un ejemplo famoso fue su relevo del General del ejército Ralph Smith en Saipán. Se produjo un gran alboroto entre servicios.

Después de sus 41 años de servicio activo, recibió cuatro Medallas de Servicio Distinguido por su liderazgo en cuatro operaciones anfibias exitosas. Se retiró en abril de 1946, como general de cuatro estrellas. El general Smith murió en 1967 en un Hospital Naval de Estados Unidos en San Diego. Tenía 84 años.

General Harry Schmidt

El General Schmidt nació en 1886 y entró en la Infantería de Marina como segundo teniente en 1909. Por una extraordinaria coincidencia, su primer deber en el extranjero fue en Guam, en las Islas Marianas, a donde regresaría treinta y tres años después en circunstancias muy diferentes. Lideró la 4ª División de la Infantería de Marina en los asaltos en las Islas Marshall en Roi-Namur, y luego en Saipan en las Marianas.

Sirvió en México, Filipinas, Cuba y Nicaragua (donde fue galardonado con una Cruz de la Armada, solo superada por la Medalla de Honor). Combinado con estancias repetidas en China, fue una carrera en el extranjero verdaderamente diversa. Un compañero oficial de la Infantería de Marina lo describió como "un Buda, un típico marine veterano. Era reglamentario, había estado en China, un antiguo marinero regular del establecimiento".

Al final de la Segunda Guerra Mundial, fue condecorado con tres Medallas de Servicio Distinguido. Se retiró en 1948 después de casi 40 años de servicio como General de cuatro estrellas. El General Schmidt murió el 10 de febrero de 1968 y está enterrado en el cementerio nacional de Fort Rosecrans en San Diego.

General Thomas Watson

El General Watson nació en 1892 y comenzó su carrera militar en 1912. Era un miembro plenamente calificado del "Old Corps". Después de su comisión en 1916, sirvió en una variedad de asignaciones de la Marina en China, el Caribe y los Estados Unidos.

Un General de brigada y comandante del Grupo Táctico-1 construido en el 22° de Marines, lideró a sus hombres en la conquista del Atolón Eniwetok en las Islas Marshall en febrero de 1944. Obtuvo una Medalla por Servicio Distinguido y su 22° de Marines recibió un Encomio de Unidad de la Armada.

En abril de 1944 tomó el mando de la 2ª División de la Infantería de Marina. En junio dirigió a sus hombres en la conquista de Saipán y luego de las Islas Tinian, recibiendo su segunda Medalla por Servicio Distinguido.

Tenía el apodo de "Terrible Tommy". La impaciencia de Watson es descrita por su colega, el General Wallace Greene: "No toleraría ni por un minuto la pereza, la estupidez, la incompetencia o cualquier falla en el liderazgo. Su temperamento y corregir esas fallas serían feroces", aprendieron demasiado tanto los oficiales del Ejército como de la Marina en Eniwetok y Saipan.

Se retiró en 1950 y falleció en marzo de 1966 como teniente general.

Teniente de la Armada John Craven

Los dos tipos de no combatientes adscritos a las unidades de la Infantería de Marina eran los del Cuerpo de Capellanes de la Armada y el Cuerpo Médico de la Armada. Cuando los marines estaban en combate, estaban bien atendidos en cuerpo y alma en el frente.

El teniente de la Armada John Craven del Cuerpo de Capellanes ganó una Estrella de Bronce por sus acciones bajo fuego en Saipan. Más tarde escribió: "En combate teníamos que ir de un lugar a otro, de una unidad a otra, comenzando temprano en la mañana y yendo hasta el anochecer. Solo visitaríamos una unidad tras otra y tendríamos un breve servicio. Teníamos algunos testamentos y pequeños libros de himnos que podía llevar en mi estuche de mapas. Reuniríamos a algunos hombres en el cráter de una bomba y tendría un servicio tras otro. Hubo ocasiones en que tuvimos catorce de esos en un día, especialmente el domingo.

"Nos turnamos en el cementerio. Cada capellán de diferentes unidades bajaría y tomaría su turno para los entierros. Tuvimos un breve servicio de internamiento para cada hombre mientras traían los cuerpos. Traté de mantenerme al día con todos los hombres de nuestras unidades. Dónde estarían si estuvieran en el hospital. Trabajé en estrecha colaboración con el sargento mayor y fue increíble cómo pudimos seguir el ritmo de esos hombres. Especialmente cómo y cuándo fueron asesinados y dónde fueron enterrados".

El teniente Craven llevaba un cuaderno en el que se enumeraban todas las víctimas. Mantuvo ese cuaderno actualizado día a día. Por la noche, comparaba notas con las del sargento mayor del regimiento. Ayudó a todos los capellanes a saber quiénes eran y dónde estaban las víctimas.

Estos informes de víctimas también fueron de alguna ayuda para el sargento mayor porque verificarían los informes que recibió.

Cuando el capellán Craven y otros capellanes regresaban a la retaguardia de sus unidades, escribían cartas a las familias de todos los muertos en el regimiento y agregaban sus cartas a las de los oficiales al mando.

El capellán Craven utilizó un tipo especial de ministerio. Tenía un portador de máscara de gas de lona colgado de cada hombro. En un contenedor tenía whisky escocés y el otro estaba lleno de pollo frito. Cuando se arrodillaba junto a cada infante de marina joven, asustado y herido, por lo general le preguntaban: "¿Voy a estar bien?"

El capellán Craven siempre respondía: "Seguro que lo estarás", tan alegremente como podía. Luego le preguntaba al infante de marina herido si le gustaría un ala o una baqueta. El joven infante de marina estaría tan sorprendido que se olvidaría de sus circunstancias actuales. Luego, el capellán Craven le preguntaba si quería acompañarlo con un trago de whisky. La mayoría de los marines no podían creer lo que estaban escuchando con el infierno de confusión, ruido y muerte que los rodeaba.

Un joven médico que atendía a los marines heridos en Saipan escribió más tarde: "El teniente Craven probablemente salvó de morir de shock a más vidas jóvenes de las que jamás se haya sabido".

2da División de los Marines

Esta división fue activada como parte de la 2da Brigada de Infantería de Marina en parte de la Flota de la Fuerza Marina el 1ro de julio de 1936. Un año después, la brigada se desplegó en Shanghái, China y luego regresó en 1938 a San Diego, California.

El 1ro de febrero de 1941, esta unidad fue redesignada como la 2da División de la Infantería de Marina. Los regimientos componentes fueron el 2°, 6°, 8° y 10° de la Infantería de Marina. Trajeron consigo impresionantes historias de servicio desde México (Veracruz), la Primera Guerra Mundial en Francia y el Caribe.

Elementos de la división sirvieron en Hawai durante el ataque a Pearl Harbor. Luego en Samoa, antes de que la división completa fuera enviada a la campaña de Guadalcanal. Continuaron con la sangrienta batalla en Tarawa, donde se les otorgó la Mención de Unidad Presidencial antes de continuar hacia Saipan, Tinan y, finalmente, Okinawa.

El Parche de la 2da División de la Infantería de Marina

Los marines de la 2da División usaron ese parche en Saipan. Fue diseñado y aprobado en noviembre de 1943. Tiene los colores oficiales del USMC de escarlata y oro. La insignia tiene un fondo escarlata en forma de punta de lanza con una mano sosteniendo una antorcha dorada encendida. El número 2 está superpuesto en escarlata en la antorcha y la mano está rodeada por cinco estrellas blancas dispuestas como la constelación de la Cruz del Sur. Fue bajo esta que tuvo lugar el primer combate de la Guerra del Pacífico de la división en Guadalcanal.

4ta División de los Marines

Esta división de la Infantería de Marina nació del cambio y redesignación de varias otras unidades. El 23° de Infantería de Marina comenzó como infantería separada de la 3ª División en febrero de 1943. Al mismo tiempo, un batallón de artillería se convirtió en la génesis del 14° de la Infantería de Marina y los elementos de ingeniería de la 19° de la Infantería de Marina formaron el inicio de la 20° de la Infantería de Marina. En marzo del 43, se organizó el 24° de Infantería de Marina y dos meses después se dividió para suministrar hombres del 25° de Infantería de Marina.

La reorganización de los tiempos de guerra proporcionó los principales bloques de construcción para una nueva división. Las unidades se separaron entre artillería, medicina, transporte, armas, tanques, etc. Algunas estaban en Camp Lejeune, Carolina del Norte y tuvieron que ser trasladadas a Camp Pendleton, San Diego por tren y por barco a través del Canal de Panamá en el verano de 1943. Cuando finalmente todas las unidades estuvieron juntas, formaron la 4ta División de Marines activada el 14 de agosto de 1943.

Después de un entrenamiento intensivo, se embarcaron el 13 de enero de 1944 y en menos de trece meses realizaron cuatro desembarcos de asalto importantes: Roi-Namur, Saipan, Tinian e Iwo Jima. La 4ª División de la Infantería de Marina sufrió más de diecisiete mil bajas. Se les otorgaron dos Citaciones de Unidad Presidencial y una Mención de Unidad de la Armada antes de su desactivación el 28 de noviembre de 1945. En febrero de 1966 fueron reactivados como la división líder en la reserva del Cuerpo de la Infantería de Marina. La 4ª División de la Infantería de Marina también suministró unidades esenciales a la campaña de La Tormenta del Desierto para la liberación de Kuwait.

Parche de la Cuarta División de los Marines

También usado en Saipan, este parche fue diseñado por el Sargento John Fabiano, miembro de la oficina de asuntos públicos de la división. Su oficial al mando se sorprendió al descubrir que cuando la división atacó el atolón de Kwajalein en las Islas Marshall, el diseño de las pistas de aterrizaje japonesas era una réplica exacta.

27ma División de Infantería del Ejército

Antes de que se declarara una emergencia nacional en 1940, la 27ma División de Infantería del Ejército sirvió como Guardia Nacional del Estado de Nueva York. Compuesto por varios regimientos antiguos famosos, incluso unos que datan de las guerras revolucionaria y civil.

En la Segunda Guerra Mundial, la 165a infantería de esta división había sido la legendaria 69a infantería de Nueva York, los "combatientes irlandeses" de la Primera Guerra Mundial. La primera unidad de este regimiento se organizó en 1775.

Mientras la guerra en Europa se intensificaba, la Ley de Servicio Selectivo asignó al presidente el poder de federalizar la Guardia Nacional. Roosevelt activó la 27a División el 25 de septiembre de 1940. Enviándolos primero a Fort McClellan, Alabama para un entrenamiento riguroso y luego a California en diciembre de 1941.

El 28 de febrero de 1942, los primeros elementos de la 27a División de Infantería zarparon de San Francisco y aterrizaron en la ciudad de Hilo en la "Isla Grande" de Hawai. Durante los dos meses siguientes, las unidades se dispersaron por las islas para la defensa y el entrenamiento locales. Ese fue el inicio del servicio en el extranjero durante la guerra más largo de cualquier División de la Guardia Nacional en el Ejército de los Estados Unidos.

En otoño de 1942, se ordenó a la división que se reuniera en la isla de Oahu bajo el mando del General Ralph Smith. En el verano de 1943, llegaron órdenes de preparar al 165° Regimiento de Infantería (reforzado por un batallón del 105° y un batallón de artillería) para asaltar y capturar el atolón Makin en la cadena de la isla Gilbert.

Después de una batalla de cuatro días en noviembre de 1943, la división suministró un batallón del 106° de Infantería para una ocupación sin oposición de Majuro en las Islas Marshall en enero de 1944.

El período previo a Saipan para las unidades del 27 llegó el mes siguiente. Dos batallones del 106 en el atolón de Eniwetok en las Marshall. Después de la batalla de Saipan, pasaron a la lucha por Okinawa en abril de 1945 y, finalmente, a la ocupación de Japón en septiembre de 1945.

En diciembre de 1946, se desactivó la 27 División de Infantería.

Héroes de Saipan

El soldado de primera clase Harold Agerholm nació el 29 de enero de 1925 en Racine, Wisconsin. Sirvió en el 4º Batallón, 10º de la Infantería de Marina de la 2ª División de Infantería de Marina contra las fuerzas enemigas japonesas en el atolón de Tarawa en 1943 y en Saipan en 1944. Fue allí donde se encontró con la muerte el 7 de julio de 1944.

El enemigo japonés lanzó un feroz contraataque e invadió un batallón de artillería vecino. El soldado de primera clase Agerholm se ofreció como voluntario para controlar el ataque hostil y ayudar a evacuar a los heridos. Localizó y se apoderó de una ambulancia abandonada y en repetidas ocasiones realizó viajes extremadamente peligrosos bajo fuego pesado de armas pequeñas y morteros. El soldado de primera clase Agerholm cargó y evacuó sin ayuda a más de cuarenta hombres heridos. Trabajó incansablemente y con total desprecio por su propia seguridad durante un período agotador de tres horas.

A través del intenso y persistente fuego enemigo, corrió a ayudar a un hombre que creía que era un infante de marina herido, pero en el proceso fue mortalmente herido por un francotirador japonés. El soldado de primera clase Agerholm fue galardonado con la Medalla de Honor póstumamente por su brillante iniciativa, gran valor personal y esfuerzos abnegados ante una muerte segura. Su galantería reflejó el mayor crédito para él y los Estados Unidos.

EL SOLDADO DE PRIMERA clase Harold Glenn Epperson nació el 14 de julio de 1923 en Akron, Ohio. Se unió a la Infantería de Marina en 1942 y sirvió con el 1er Batallón, 6° de la Infantería de Marina en la 2da División de la Infantería de Marina luchando contra las fuerzas japonesas en el Atolón de Tarawa y murió en la isla de Saipan el 25 de julio de 1944.

El emplazamiento de la ametralladora del soldado de primera clase Epperson soportó todo el peso de un asalto enemigo fanático al amparo de una oscuridad previa al amanecer. El soldado de primera clase Epperson manejó su arma con decidida agresividad y luchó furiosamente en defensa de la posición de su batallón. Mantuvo un flujo constante de fuego devastador contra las tropas japonesas que se infiltraban rápidamente. Ayudó a romper ese ataque.

Un soldado japonés que se suponía estaba muerto se levantó de un salto y arrojó una granada de mano al emplazamiento. El soldado de primera clase Epperson, decidido a salvar a sus camaradas, sin dudarlo se sacrificó y se lanzó sobre la granada. Absorbió la violencia demoledora de la carga explosiva con su propio cuerpo. Resuelto y valiente ante una muerte segura, el soldado de primera clase Epperson sin miedo entregó su propia vida para salvar a sus camaradas. Fue galardonado con la Medalla de Honor por su soberbio valor y su inquebrantable devoción al deber. Sus acciones reflejan el mayor crédito para él y los Estados Unidos.

EL SARGENTO GRANT TIMMERMAN nació el 14 de febrero de 1919 en Americus, Kansas. Durante la Segunda Guerra Mundial, sirvió en el 2° Batallón de Tanques, 6° Marines en la 2° División de la Infantería de Marina en el Atolón de Tarawa y en Saipan. Dio su vida para salvar a su tripulación el 8 de julio de 1944.

El sargento Timmerman avanzó con su tanque unos metros por delante de la infantería para apoyar un vigoroso ataque contra posiciones hostiles. El sargento Timmerman mantuvo un fuego constante de su ametralladora antiaérea montada en el cielo hasta que el progreso fue impedido por una serie de fortines y trincheras enemigas. Observó un objetivo de oportunidad e inmediatamente ordenó que los tanques se detuvieran.

Consciente del peligro de la explosión de la boca, se preparó para abrir fuego con el 75 mm. Se puso de pie sin miedo, exponiéndose y ordenó a la infantería que golpeara la cubierta. Una granada lanzada por los japoneses estaba a punto de caer por la escotilla abierta de la torreta. El sargento Timmerman bloqueó la abertura con su cuerpo permitiendo que la granada detonase contra su pecho, llevándose la peor parte de la explosión.

Por su valor y lealtad excepcionales al salvar a sus hombres a costa de su propia vida. El sargento Timmerman también recibió la Medalla de Honor.

Parte Dos

Invasión de Tinian

Explorando las Playas de Tinian

Una vez que el resultado de la batalla de Saipan estuvo claro, los Comandantes del V Cuerpo Anfibio dirigieron su atención al siguiente objetivo: la isla de Tinian. A tres millas de la costa suroeste de Saipan y guarnecida con más de nueve mil soldados japoneses. Muchos de los combatientes enemigos eran veteranos de la Campaña de Manchuria, golpeados durante más de siete semanas por las cargas aéreas y marítimas de la Armada de los Estados Unidos.

Las 2ª y 4ª Divisiones de la Infantería de Marina, recién salidas de la lucha en Saipán, fueron seleccionadas para asaltar Tinian. La cuestión vital de dónde aterrizarían aún estaba indecisa. Hubo un firme apoyo entre los planificadores de asalto para aterrizar en dos estrechas franjas de arena, con nombre en código White Beach 1 y White Beach 2, en la costa noroeste de Tinian. White Beach 1 tenía sesenta yardas de ancho, mientras que White Beach 2 tenía ciento sesenta.

El Almirante Richmond Kelly Turner, comandante general de la Fuerza Expedicionaria de las Marianas, se mostró escéptico y sugirió un sitio alternativo con el nombre en código Yellow Beach.

El 3 de julio de 1944, el capitán James Jones fue puesto en alerta para futuros reconocimientos de los posibles lugares de aterrizaje. El 9 de julio, el día en que Saipan fue declarada oficialmente asegurada, el capitán Jones recibió sus órdenes del General Holland Smith. Sus hombres debían explorar las playas y fortificaciones de Tinian para determinar la capacidad de manejar una fuerza de desembarco y mantenerla abastecida.

Los UDT (equipos de demolición submarina) de la Armada localizarían los obstáculos submarinos y realizarían el trabajo hidrográfico. El Capitán Jones eligió a la Compañía A bajo el mando del Capitán Merwin Silverthorn y el Primer Teniente Leo Shinn para comandar la Compañía B. Ensayaron la operación en las playas de la Bahía Magicienne de Saipan. Durante la noche del 10 de julio, unidades de la Armada y la Infantería de Marina abordaron los transportes del destructor *Stringham* y Gilmer para un rápido viaje al canal que separaba las dos islas.

A las 20:30 del 10 de julio, los equipos desembarcaron en botes de goma zodiac y remaron hasta 500 yardas de la playa, luego nadaron el resto del camino hacia adentro. Afortunadamente, era una noche negra, y aunque la luna salió a las 22:30, estaba en gran parte oculta por las nubes.

La Playa Yellow fue asignada a la Compañía A de Silverthorn. Condujo a ocho nadadores de la UDT y veinte infantes de marina a tierra. Encontraron una playa cerca del Pueblo de Tinian flanqueada a cada lado por formidables acantilados. Varias minas flotantes y rocas submarinas impidieron el acceso. En la playa, habían tendido alambre de púas de doble delantal.

El capitán Silverthorn se abrió camino treinta metros tierra adentro en busca de rutas de salida para los vehículos. Los habladores trabajadores japoneses estaban ocupados construyendo casamatas y atrincherando cargas de detonación. Silverthorn vio a tres centinelas japoneses en el acantilado con vistas a la playa. Los reflectores pasaron de un lado a otro, escaneando el acceso a la playa, pero Silverthorn y sus hombres lograron regresar sanos y salvos al *Stringham*. La Playa Yellow como lugar de incursión no funcionaría.

En el noroeste, el reconocimiento de las Playas White fue asignado a la Compañía B. Las fuertes corrientes empujaban a los botes de goma fuera de curso. El equipo que se dirigía a Playa White 1 fue arrastrado más de mil yardas hacia el norte fuera del curso y nunca llegó a tierra.

El equipo que se dirigió a Playa White 2 terminó en la Playa White 1 y reconoció el área. El Gilmer finalmente recogió a ambas partes. La noche siguiente, diez nadadores de la Compañía A fueron a la Playa White 2 y tuvieron éxito.

Los informes sobre las Playas White fueron alentadores. Los LVT (tractores anfibios) y otros vehículos podrían sortear los arrecifes y llegar a tierra. Las tropas también podían trepar por los acantilados bajos que flanqueaban las playas con poca dificultad. Los infantes de marina que desembarcan de los botes en el arrecife podrían vadear a tierra a través de un oleaje poco profundo. Los equipos UDT de la Armada contactaron a la inteligencia de la Marina e informaron: "no se encontraron obstrucciones o minas submarinas artificiales".

Después de que el equipo de reconocimiento regresó de la Playa White 2, el Almirante Turner retiró su objeción y se tomó la decisión de mando de utilizar las playas del noroeste. El asalto estaba programado para el 24 de julio a las 07.30 horas.

Planificando El Asalto

La 2da y 4ta División de la Infantería de Marina de Saipan se encargaron de apoderarse de Tinian. La 27ma División de la Infantería del Ejército permanecería en Saipán en reserva. Las tres habían sido apaleadas durante la campaña de Saipan. Juntas habían sufrido más de 14.000 bajas, con más de 3.200 muertos en acción.

Este sería el cuarto asalto en dieciocho meses para la 2da División de la Infantería de Marina. La división salió de Guadalcanal en febrero de 1943, sufriendo más de mil bajas. Otros 12.000 hombres habían sido diagnosticados con casos de malaria. Ocho meses después, el 20 de noviembre de 1943, la 2da División de la Infantería de Marina había pasado una de las setenta y dos horas de combate más intensas en la historia de la guerra en la isla de Tarawa. Soportaron 3.368 bajas, con poco menos de mil muertos.

Dos meses y medio antes de Tarawa, la división todavía estaba asolada por la malaria, con tropas hospitalizadas a un ritmo de más de cuarenta hombres por día. Las filas estaban llenas de infantes de marina demacrados, con la piel amarillenta por las dosis diarias de las píldoras Atabrine. La operación de Saipán cobró otro precio muy alto para esos infantes de marina siete meses después: 1.304 muertos y 5.027 heridos.

La 4ta División de la Infantería de Marina tuvo un año ajetreado, pero menos exigente. Entraron directamente en combate después de su formación en Camp Pendleton. Aterrizaron el 31 de enero de 1944 en las Islas Marshall. Sufrieron 787 bajas en la captura de Roi-Namur. Soportaron 6.025 bajas en Saipan, con más de 1.000 marines muertos. El desembarco de Tinian sería el tercer asalto en seis meses. También sería el primero bajo el mando de un nuevo comandante de división, el mayor general Clifton Cates: un veterano condecorado de la Primera Guerra Mundial que más tarde se convertiría en el 19° Comandante de la Infantería de Marina en 1948.

“La moral de las tropas en la operación de Tinian fue generalmente alta”, escribió el historiador de la Marina Carl Hoffman. “Este hecho adquiere importancia solo cuando se recuerda que los marines acababan de sobrevivir a una amarga lucha de un mes con solo un lapso de dos semanas, y nuevamente se les ordenó atacar las costas controladas por el enemigo. Su espíritu era más un encogimiento de hombros filosófico acompañado de una actitud de 'aquí vamos de nuevo' en lugar de un resentimiento por ser llamado de nuevo tan pronto".

El bombardeo previo a la invasión también ayudó a la moral de las tropas. Para Jig -1 y el Día Jig (Jig fue el nombre en clave del Día D en Tinian), el contraalmirante Harry Hill comandaría las Fuerzas de Desembarco del Norte. Dividió la isla en cinco sectores de apoyo y asignó barcos específicos a cada uno. Tenía la intención de engañar a los japoneses sobre las verdaderas intenciones del desembarco de los marines.

El Pueblo de Tinian recibió los golpes más fuertes el día antes del aterrizaje: 2.785 rondas de proyectiles de 5 a 16 pulgadas desde los acorazados Tennessee, Colorado, California y el crucero Cleveland junto con siete destructores. El Colorado tuvo el mejor día con sesenta rondas de proyectiles de 16 pulgadas que destrozaron los dos cañones de defensa costera de seis pulgadas que los japoneses habían colocado en el oeste cerca del Punto San Hilo, cañones que podrían haber cubierto las playas White.

Debido a la falta de objetivos adecuados y al engaño, los disparos en el área de la Playa White fueron insignificantes. Los disparos navales y los bombardeos de artillería se detuvieron para permitir ataques aéreos masivos en los cruces ferroviarios, aldeas, fortines, campos de caña, emplazamientos de armas y las playas del Pueblo de Tinian. Más de 350 aviones del Ejército y la Armada participaron en el lanzamiento de más de 200 cohetes, 500 bombas detonantes y treinta y cuatro bombas de napalm.

Esa noche treinta y siete LST (barco de desembarco, tanque) fondeados frente a Saipan se recargaron con tropas de la 4ta División de Infantería de Marina. El 15 de julio se precargaron tres días de raciones, suministros médicos, municiones, agua, vehículos y otros equipos. Las tropas viajaron ligeras: un par de calcetines, repelente de insectos, una cuchara, suministros de emergencia en los bolsillos y ningún otro objeto en los bolsillos traseros.

El historiador Philip Crowl escribió: "Viajé en los barcos con dos divisiones de transporte que llevarían dos regimientos de la 2da División de Infantería de Marina en una finta de distracción contra el Pueblo de Tinian y luego los desembarcaría en las playas del noroeste". (Una artimaña similar fue realizada por la 2da División de la Infantería de Marina un año después frente a la playa sureste de Okinawa).

La 4ta División de la Infantería de Marina fue seleccionada como división de asalto para Tinian. Las playas no eran lo suficientemente anchas para dar cabida a los batallones que desembarcaban uno al lado del otro, y mucho menos a las divisiones. Las tropas de asalto aterrizaron en columnas: compañías, pelotones e incluso escuadrones.

La 2da División pronto lo seguiría después de participar en una finta en las playas de Tinian Town. Esperaban atar a las principales fuerzas japonesas mientras la 4ta División sorprendía a las playas del norte, ligeramente defendidas.

Para darle más fuerza a la 4ta División de Infantería de Marina después del aterrizaje, la 2da División de la Infantería de Marina fue despojada de algunas de sus unidades de artillería, tanques y potencia de fuego. Estarían en la fuerza más baja en Tinian de cualquier división de la Marina involucrada en una operación anfibia en toda la Segunda Guerra Mundial.

Incluso después de canibalizar de la 2da División de Infantería de Marina, la 4ta todavía estaba "flaca", escribió el Teniente Coronel "Jumping Joe" Chambers, quien comandó el 3er Batallón del 25° Regimiento (3/25) de la Infantería de Marina y luego ganó una Medalla de Honor en Iwo Jima. El batallón de infantería de la división solo recibió un reemplazo después de los combates en Saipan. Con toda su fuerza, tenían un promedio de 880 hombres; en Tinian, la fuerza promedio se redujo en más de un 35% a poco más de 550 hombres.

Debido a la fatiga del combate, las grandes pérdidas durante las semanas y los meses anteriores y las unidades con poca fuerza: los marines de Tinian jugaron un juego cauteloso. El almirante Turner dijo que les daría dos semanas para apoderarse de la isla. El general Harry Schmidt, ahora al mando del V Cuerpo Anfibio, prometió hacerlo antes. La isla quedó asegurada después de nueve días. Un historiador marino escribió, "la operación podría haberse terminado antes si hubieran usado tácticas más agresivas". Pero el tiempo no fue un gran factor: el ritmo relativamente lento de la operación probablemente contribuyó a mantener las bajas al mínimo y ayudó a reducir la fatiga de las tropas. Tinian podía haber sido agradable a la vista, pero el calor y la humedad eran brutales, los campos de caña eran difíciles y era temporada de monzones.

Día de Incursión Jig

A las 03:30 del 24 de julio, los barcos de tropas partieron del puerto de Charan Kanoa de Saipan. Llevaban a los 2° y 8° Regimientos de la Infantería de la 2da División de la Infantería de Marina. Esta misión de engaño sería mucho más sangrienta que los desembarcos de la Playa White y mucho más costosa de lo que esperaba el mando. Tenían una poderosa escolta: el acorazado *Colorado*, crucero ligero *Cleveland*, y los destructores *Monssen, Wadleigh, Norman Scott* y *Ramey*.

El convoy se trasladó al puerto de Sunharon frente al pueblo de Tinian poco antes del amanecer. A las 0601, el transporte de ataque *Calvert* bajó sus lanchas de desembarco, y para las 0630, sus veintidós lanchas estaban en el agua. Los marines bajaron de las redes de carga y, en treinta minutos: aviones estadounidenses ametrallaron y bombardearon las pistas, prestando especial atención al Pueblo de Tinian. Cohetes y proyectiles de acorazados, cruceros ligeros y pesados, destructores y más de treinta cañoneras saturaron las playas. Batallones de artillería en masa en el sur de Saipán penetraron con proyectiles de 155 mm.

Después de treinta minutos, los LVCP (personal de vehículos de lanchas de desembarco o botes Higgins) del *Calvert* corrieron hacia la playa, atacados con artillería pesada y fuego de mortero desde la costa. El contralmirante Hill, tratando de evitar bajas, ordenó a los barcos retirarse y reorganizarse. Siguió una segunda carrera y se enfrentó a un fuerte fuego de la resistencia japonesa en la costa. Varios de los botes fueron rociados con fragmentos de proyectiles, pero continuaron hasta menos de cuatrocientas yardas de la playa antes de regresar.

Mientras los pequeños botes participaban en esa maniobra, el acorazado *Colorado* fue atacado a un rango de poco más de 3,000 yardas desde dos cañones japoneses de 6 pulgadas cerca del Pueblo de Tinian. Estas armas habían pasado desapercibidas durante el reconocimiento previo a la invasión. En quince minutos, los artilleros japoneses anotaron veintidós impactos directos en el *Colorado* y seis en el destructor *Norman Scott*. Las bajas entre los destacamentos y tripulaciones de la Infantería de Marina fueron costosas: 227 heridos y 69 muertos. El *Colorado* regresó cojeando a Saipan. Esa batería japonesa sobrevivió durante cuatro días completos hasta que finalmente fue destruida por el acorazado *Tennessee*.

Las pérdidas sufridas por estos dos buques superaron las sufridas por las fuerzas de desembarco más grandes de la Marina en las playas del noroeste. Pero este engaño cumplió su propósito. Un batallón del *50º Regimiento de Infantería de Japón* y elementos de la *56ª Fuerza de la Guardia Naval* se congelaron en los alrededores del pueblo de Tinian. Ese engaño también convenció al comandante japonés, Coronel Kiyochi Ogata, de que había frustrado una invasión. Su mensaje a Tokio describió que sus fuerzas repelieron más de cien barcazas de desembarco.

Estas "barcazas" volvieron a cargar en el *Calvert* a las 1000. El convoy se dirigió al norte hacia las Playas White, donde las tropas de la 4ta División de Infantería de Marina habían desembarcado después de un percance. Un grupo de UDT usando flotadores y cargando explosivos nadó hasta la Playa White 2 antes del amanecer para destruir rocas y destruir las minas de la playa. Pero una tormenta hizo que esta misión fallara. Ahora los flotadores se dispersaron y los explosivos se perdieron. Los marines pagarían un alto precio por esta misión abortada unas horas más tarde.

Para compensar el fracaso de la misión UDT, se ordenaron ataques aéreos a las 06.30. Los observadores afirmaron que cinco de las catorce minas de playa conocidas habían sido destruidas. Una batería de cañones "Long Tom" de 155 mm en Saipan disparó proyectiles de humo contra el puesto de mando japonés en el monte Lasso. También pusieron humo en los bosques, los acantilados y las playas para obstaculizar la observación japonesa.

A LOS DEL 24º DE MARINES se les asignó la tarea de asaltar la Playa White 1, mientras que a la Playa White 2 se dirigió a los del 25° de Marines. Casi a la vez, dos batallones del 25º de la Infantería de Marina cargaron en dieciséis LVT y aterrizaron en columnas de compañías en la Playa White 2. El 2º Batallón estaba a la derecha y el 3º Batallón a la izquierda.

Unidades del 24º de Marines cargaron en veinticinco LVT y cruzaron la línea de salida a 3.500 yardas mar adentro a las 07.15 h. Delante de ellos se encontraban las LCI (lanchas de desembarco de infantería) y una compañía del 2º Batallón Blindado Anfibio. Rastrillaron las playas con cohetes y cañones automáticos. En la carrera de veinticinco minutos hasta la playa, los LVT cargados de disparos recibieron disparos de armas pequeñas y de ametralladoras.

En la Playa White 1, un pequeño destacamento de playa japonés oculto en cuevas y grietas opuso una feroz resistencia con fuego de armas pequeñas. Los artilleros de la Compañía E los acabaron rápidamente.

En menos de una hora, todo el 1° y 2° Batallones del 24° de Marines estaban en tierra en la Playa White 1 y estaban preparados para moverse hacia el interior. El 2° batallón enfrentó disparos erráticos de armas pequeñas, morteros y artillería durante los primeros cientos de metros de su avance. Después de eso, el batallón tuvo una caminata fácil durante el resto del día, logrando su objetivo hasta la línea O-1 a las 1600. También ocuparon el borde occidental del Aeródromo 3 y cortaron la carretera principal que unía el Aeródromo 1 con la costa este y el sur de Tinian. Aún recibiendo fuego esporádico de armas pequeñas, el batallón se dispuso a pasar la noche.

En el flanco izquierdo, un intenso fuego detuvo al 1er Batallón. Los tiradores enemigos se escondieron en parches de vegetación y en cuevas. Se instalaron tanques lanzallamas contra estas posiciones, pero los japoneses mantuvieron una fuerte resistencia. Como resultado, el 1er Batallón no alcanzó su objetivo, llegó a 400 yardas de su objetivo por la tarde. Esto dejó un espacio entre los dos perímetros. Se convocó al 3er Batallón del regimiento que esperaba en reserva.

El 25° Regimiento tuvo problemas. La playa en el área circundante había sido sembrada con minas que los equipos de UDT y artilleros costa afuera no lograron destruir. Se necesitaron cinco horas para limpiarla. En el proceso se destruyeron tres LVT y un jeep. Se dejaron varias trampas explosivas para que los marines se ocuparan de ellas: cajas de cerveza y relojes conectados para explotar en las manos de los descuidados cazadores de recuerdos.

En el interior, las tropas del 50° Regimiento de Infantería de Ogata realizaron una vigorosa defensa con morteros, cañones antitanques y anti botes, y otras armas automáticas colocadas en barrancos fortificados, fortines, cuevas y trincheras de campo. Un par de cañones de 47 mm mantuvo a los marines a la defensiva. Después de que finalmente pasaron por alto las posiciones difíciles, dejaron a cincuenta japoneses muertos en los pozos de armas.

El Coronel Chambers, Comandante de los Marines 3/25, escribió más tarde sobre la confusión en la playa, "la confusión que siempre tienes cuando incursionas y cuando intentas reorganizarte bajo el fuego". Uno de los comandantes de su compañía murió quince minutos después de la incursión. Tomó un tiempo conseguir un reemplazo en escena y ponerlo al día. Luego seguía el problema de las minas y el fuego de artillería desde el puesto de mando japonés en el Monte Lasso, a menos de dos millas de distancia.

A última hora de la tarde, el batallón del coronel Chambers había alcanzado su objetivo de 1.500 yardas tierra adentro hasta el centro de la línea y había atado al 24 en su flanco izquierdo. Otros batallones del 25 se quedaron cortos en su línea O-1. Esto creó una cabeza de playa en forma de media luna que tenía 3,500 yardas de ancho en la costa y se abultaba 1,500 yardas hacia el interior al atardecer.

Pero la mayor confusión del día provino del 23° de la Infantería de Marina. El regimiento había estado esperando a los LST en la reserva de la división durante la incursión. A las 07.40, se ordenó a las tropas que abordaran los LVT estacionados cara a cara en las cubiertas de los tanques. Sus motores estaban en marcha y arrojaban monóxido de carbono. Después de treinta minutos, las tropas encerradas desarrollaron dolores de cabeza, tuvieron náuseas y comenzaron a vomitar.

El coronel Louis Jones ordenó a los hombres descargar y regresar a la superficie hasta que finalmente se recibió una orden de lanzamiento a las 10.30. El regimiento desembarcó y finalmente llegó a tierra a las 14.00 a pesar de una increíble serie de fallas de comunicación, donde el Coronel Jones en momentos cruciales, estaba fuera de contacto con sus batallones y divisiones.

Además de las interrumpidas comunicaciones por radio, el Coronel Jones estaba atrapado en un LVT con un motor averiado. Esperó siete horas para llegar a tierra con su personal, lo que provocó una queja de la división sobre la tardanza de su regimiento. El comando señaló que "afortunadamente, la demora no causó daños graves".

Pero al final de la operación, el Coronel Jones abandonó la división. Fue ascendido a General de brigada y se le asignó un puesto como comandante asistente de división de la 1ra División de Infantería de Marina que conducía a los desembarcos de Okinawa.

Ocurrió un problema similar con la 2da División de la Infantería de Marina. Después de la finta frente al Pueblo de Tinian, la división navegó hacia el norte y esperó frente a la costa de las Playas White durante todo el día. A las 15.30, el comandante de la fuerza de desembarco, el general Harry Schmidt, ordenó a un batallón del 8° de la Infantería de Marina que aterrizara en la Playa White, respaldando al 24° de Infantería de Marina. El General Schmidt quería un batallón en tierra antes de 1600.

Debido a las malas comunicaciones y la confusión del transporte, no se cumplió el plazo. Así que no fue sino hasta las 2100 cuando la unidad ingresó en su registro, "Cavado en la posición asignada".

Pero si bien todos los detalles no fueron perfectos, la operación en general había ido bien por la mañana y por la tarde. Según los estándares de Saipan y Tarawa, las bajas fueron leves: 225 heridos y 15 muertos. El número de muertos japoneses fue de más de 435 hombres.

A pesar de las estrechas playas, las minas no descubiertas y la llovizna, más de 15.500 soldados fueron desembarcados. Junto con enormes cantidades de equipo y material, incluidos cuatro batallones de artillería, veinticuatro semiorugas con cañones de 75 mm. Cuarenta y ocho tanques medianos y quince lanzallamas, que encontraron el terreno de Tinian agradable para las operaciones de tanques.

Los tanques entraron en acción temprano esa mañana y lideraron al 24° en ataques de infantería con tanques. También habían acudido en ayuda del 23° de la Infantería de Marina cuando el regimiento se movía tierra adentro para hacerse cargo del flanco derecho de la división.

A pesar de que algunas unidades no lograron alcanzar sus primeros objetivos, la cabeza de playa era grande y se extendía tierra adentro casi una milla y abarcaba un territorio defendible.

Nada mal para un solo día de trabajo.

Contraataque Japones

A las 16.30, el general Clifton B. Cates, al mando de la 4ta División de la Infantería de Marina, ordenó a sus fuerzas que se abrocharan para pasar la noche. El mando esperaba un contraataque nocturno. A lo largo del frente se colgaba alambre de púas, precargado en vehículos anfibios.

Las municiones almacenadas se podían ver en todas las posiciones de armas. Se colocaron ametralladoras para permitir campos de fuego entrelazados. Las áreas objetivo fueron asignadas a los equipos de morteros. Las baterías de artillería en la parte trasera estaban pre registradas para atacar las rutas de aproximación del enemigo y disparar proyectiles de iluminación para iluminar el campo de batalla. Se colocaron cañones antitanque de 37 mm con cartuchos de munición (proyectiles antipersonal que disparaban grandes perdigones para luchas internas) al frente. Esto aseguraría graves bajas y causaría un mayor daño al enemigo.

Los marines se atrincheraron y esperaron lo que fuera que les traería la noche. El 24º de la Infantería de Marina fue respaldado por 1/8 de Infantería de Marina, ocupando la mitad norte de la defensa creciente. El 25° con un batallón del 23° ocupó la mitad sur de la media luna. El resto del 23º estaba en reserva, junto con los batallones de artillería del 10º y 14º de la Infantería de Marina, esperando en la retaguardia en alerta máxima.

Los japoneses se prepararon para su contraataque. Debido a sus líneas de comunicación rotas, no sería una operación coordinada. Las unidades tendrían que actuar de forma independiente. El coronel Ogata emitió una orden general el 28 de junio: "Destruir al enemigo en las playas de un solo golpe. Especialmente cuando el tiempo impide un movimiento rápido de fuerzas dentro de la isla".

Los japoneses tenían 850 soldados navales en los aeródromos del Punto Ushi en el flanco norte de los marines. Frente al centro de las líneas de la Infantería de Marina, cerca del Monte Lasso, había otros dos batallones del *50º Regimiento de Infantería* y una compañía de tanques de 1.500 soldados japoneses en total. En la costa oeste, frente al flanco derecho de los marines, había otros 250 hombres de una compañía de infantería del *50º Regimiento*, junto con un escuadrón y un destacamento antitanques.

La *Fuerza Móvil Japonesa de Contraataque*, un batallón de 750 hombres del 135º Regimiento de Infantería, equipado con nuevos rifles y cargas de demolición, esperaba a seis millas de las Playas White. El movimiento japonés hacia las playas del noroeste dentro de las líneas marinas fue traicionero. Todo el movimiento de la luz del día fue monitoreado de cerca por vigilancia aérea y vulnerable a la potencia de fuego estadounidense.

Pero el batallón partió bajo el mando de su comandante, el capitán Izumi, y fue alcanzado con frecuencia por artillería y disparos navales sin ser observados. Izumi avanzó y logró su objetivo mediante el uso hábil del terreno para ocultarse. A las 22.30, sondeó el centro de las líneas de la Infantería de Marina donde los 2/24 Marines estaban atados con el 3er Batallón.

Según un corresponsal de Marine Combat: "Mientras la mayoría de los japoneses avanzaban sigilosamente por delante de las líneas, un destacamento de reconocimiento de dos hombres subió a una destartalada edificación delante del 24º Marines y tomó notas o dibujó bocetos de las líneas del frente con audacia. Cuando los marines reconocieron ese gesto insolente, los recompensaron con una atronadora concentración de fuego de artillería".

Otro marine escribió sobre su vívida memoria esa noche: "Un gran barranco corría de sureste a noroeste hasta el borde occidental de nuestra área. Cualquiera en su sano juicio habría pensado que, si hubiera algún contraataque, vendrían por ese barranco.

"A lo largo de la noche, los marines informaron que escucharon mucha charla japonesa desde abajo en el barranco. Luego nos atacaron alrededor de la medianoche en el área de la compañía K. Arrastraron un par de obuses de 75 mm a mano con ellos, y cuando llegaron a donde podían dispararnos, nos golpearon con fuerza. Creo que la compañía K hizo un muy buen trabajo, pero unos doscientos japoneses nos atravesaron [1.500 yardas] hasta la zona de la playa.

"Una vez que los japoneses atacaron las zonas de retaguardia, toda la artillería y las ametralladoras empezaron a disparar como el infierno. El fuego entró por la parte trasera y pasó rozando por encima de nuestras cabezas. En ese ínterin, el enemigo que golpeó a la Compañía L estaba dando una gran pelea a unas setenta y cinco yardas de donde yo estaba, y no había nada que pudiera hacer al respecto.

"En el área de la Compañía K fue donde realmente se desarrolló el ataque. Allí era donde el teniente McGuire y sus cañones de 37 mm en el flanco izquierdo disparaban el cartucho. Vi a dos infantes de marina que manejaban una ametralladora, colocar un cono de cadáveres japoneses frente a ellos. Un oficial japonés muerto yacía allí con ellos".

Un corresponsal de Combat Marine describió más tarde esta acción: "Los marines mantuvieron el fuego hasta que los japoneses estuvieron a menos de mil metros de distancia, luego abrieron fuego. Los japoneses cargaron. Gritando "banzai" y disparando ametralladoras y lanzando granadas. Era casi imposible para los marines aguantar y seguir disparando. A la mañana siguiente, contamos los cuerpos japoneses apilados frente a nosotros. Más de 250 soldados japoneses muertos.

“Justo antes del amanecer, aparecieron dos compañías de tanques. Querían llegar directamente a los japoneses y fueron enviadas a un área controlada por las Compañías L y K. El mayor regresó en menos de quince minutos y dijo: "No necesitan tanques. Necesitan enterradores. Nunca había visto tantos japoneses muertos".

Otro gran grupo de tropas japonesas fue apilado por los artilleros de obús de 75 mm del 14° de Infantería de Marina apoyados por las ametralladoras de calibre 50 de las baterías E y F. Esas ametralladoras literalmente destrozaron a los japoneses. Más de 600 japoneses murieron en su ataque suicida por el centro de la Marina.

En el flanco izquierdo, los infantes de marina 1/24 fueron atacados a las 0200, de 550 tropas de la Fuerza de Desembarco Naval Especial fuera de los cuarteles en los aeródromos de Punto Ushi. La Compañía A fue golpeada con tanta fuerza que en un momento quedo reducida a solo 30 hombres con armas. La Compañía A se vio obligada a sacar refuerzos de miembros del cuerpo, ingenieros, comunicadores y miembros del grupo en tierra.

Las bengalas de iluminación se dispararon sobre el campo de batalla. Esto permitió a los infantes de marina usar proyectiles de cartuchos de 37 mm, morteros y fuego de ametralladora con buenos resultados. La lucha continuó hasta el amanecer, cuando los tanques medianos del 4° Batallón de Tanques se acercaron pesadamente para disolver las últimas tropas japonesas atacantes. En ese punto, muchos japoneses habían usado sus granadas para suicidarse.

Cuando salió el sol, se contaron 470 cuerpos japoneses en la media luna defensiva, la mayoría frente a la posición de la Compañía A.

El último ataque enemigo de esa noche golpeó el flanco derecho de los marines a las 03.30. Un puñado de tanques japoneses se acercó traqueteando desde la dirección del Pueblo de Tinian para atacar la posición del 23° de marines. Fueron recibidos con fuego feroz de cañones antitanques, artillería marina, armas pequeñas y bazucas.

El teniente Jim Lucas, un reportero profesional que se alistó en el Cuerpo de Marines después del ataque a Pearl Harbor y fue comisionado en el campo. Más tarde escribió: "Tres tanques de plomo atravesaron la pared de fuego. Uno brilló con un color rojo sangre y giró locamente sobre sus huellas antes de precipitarse hacia una zanja. El segundo, mortalmente herido, apuntó con sus ametralladoras a sus verdugos, disparando a las zanjas en un último esfuerzo desesperado por abrirse paso. Después de otros cien metros, se detuvo en seco.

"El tercer tanque intentó frenéticamente dar la vuelta y retirarse, pero nuestros muchachos se acercaron y literalmente lo destrozaron. Con bazucas noquearon un cuarto tanque, matando al conductor. El resto de la tripulación salió de la torreta gritando. El quinto tanque estaba ahora rodeado e intentó huir. Nuestras bazucas hicieron un trabajo rápido. Otro impacto le prendió fuego y su tripulación fue incinerada.

"El sexto tanque fue perseguido por un infante de marina que conducía un jeep. Pero la destrucción de esos tanques no acabó con la lucha en el flanco derecho. La infantería del *50º Regimiento japonés* continuó atacando a los 2/23 Marines. Si bien fueron rechazados y asesinados en grandes cantidades, principalmente mediante el uso efectivo de cañones antitanque de 37 mm con disparos de cartuchos. En los últimos momentos desesperados del asalto, algunos japoneses heridos se autodestruyeron al detonar una mina tanque magnética, produciendo una terrible explosión".

Desde el punto de vista japonés, el trabajo de esa noche fue un desastre. Más de 1.200 cuerpos quedaron en el campo de batalla: varios cientos más se llevaron durante la noche. Con menos de cien infantes de marina heridos o muertos, la pérdida de esas tropas japonesas rompió la espalda de las ya de por sí pobres defensas de Tinian. Ahora que sus comunicaciones fueron destrozadas por el fuego sostenido de Saipan y el fuego creciente de Tinian, los supervivientes sólo eran capaces de oponer la resistencia más débil y aturdida. Durante los siguientes siete días, pequeños grupos de japoneses aprovecharon la oscuridad para lanzar ataques nocturnos, pero en su mayoría, solo se retiraron sin ningún orden en particular hasta que no les quedó ningún lugar donde retirarse.

La mayoría estuvo de acuerdo en que la batalla por Tinian había terminado. Pero el coronel Gooderham McCormick, oficial de inteligencia de la 4ta División, un oficial de reserva de la Infantería de Marina, que luego se convertiría en el alcalde de Filadelfia, no estuvo de acuerdo: "Creíamos que después del contraataque el enemigo era capaz de una lucha aún más dura. Y del día a día durante nuestro avance esperábamos una lucha aún más encarnizada que nunca se materializó".

Aún quedaba mucho trabajo por delante. Una tarea exigente fue el trabajo agotador pero sencillo de corretear a través de los campos de caña y la humedad con frecuentes lluvias monzónicas. Teme no solo el fuego de los francotiradores, las trampas explosivas y las minas, sino también los incendios que podrían arrasar los campos de caña e incinerar a cualquiera que se cruzara en su camino.

Gente Disparando al Urogallo

El Coronel "Bucky" Buchanan era un oficial de la artillería naval asistente para la 4ta División en Tinian. Escribió sobre sus experiencias: "Luchamos de la misma manera en Tinian que en Saipan. Fue una operación lineal, de toma, como un montón de matadores, gente que disparaba a los urogallos o algo así. La idea era eliminar a todos los japoneses de manera constante a medida que bajamos en lugar de conducir por la carretera principal con una bifurcación y cortar eso y aquello en lo que llamé tácticas creativas. Esa fue la cosa más fácil y segura de hacer. ¿Quién podría criticarlo? Tuvimos éxito. Y nuevamente, la poca resistencia que quedó fue empujada hacia el borde de la isla y rápidamente destruida".

La metáfora del disparo al urogallo era simple, pero incluso el comandante de la 4ta División, el General Cates, pensó que la campaña tenía un aspecto deportivo. "La lucha fue diferente a la mayoría de las que habíamos experimentado porque era un buen terreno. Una operación buena y limpia que los hombres disfrutaron mucho".

Antes de que la paliza pudiera comenzar en el orden correcto, debían suceder tres cosas. Primero, la 2da División necesitaba ser desembarcada. Esto se completó en la mañana del 26 de julio.

A continuación, hubo que aplastar los focos de resistencia y los japoneses rezagados en el sector norte de la isla. Ese trabajo se completó el día 26 cuando la 2da División de la Infantería de Marina barrió los aeródromos del Punto Ushi y alcanzó la costa este antes de girar hacia el sur.

La 4ta División se apoderó del monte Maga en el centro de la isla, también el día 26. Esto obligó al Coronel Ogata y su personal a abandonar su puesto de mando en el monte Lasso, que cayó en manos de los marines sin luchar. Dos días después, los Navy Seabees tenía los aeródromos del Punto Ushi operativos para los cazas Thunderbolt P-47 del ejército.

El tercer objetivo era impulsar hacia el sur una línea de escaramuzas de infantería y tanques que se extendía a lo largo de la isla de 29 millas cuadradas. Eso también se logró el día 26. La 4ta División se alineó en la mitad occidental de la isla. El 23° de la Infantería de Marina estaba en la costa, el 24° en el centro y el 25° en el flanco izquierdo. La 2da División se alineó con la 2da de la Infantería de Marina en la costa este con la 6ta División de la Infantería de Marina en el centro ahora todos empatados en la 25ta. El 8° de la Infantería de Marina se quedó en el norte para acabar con cualquier resistencia adicional.

Esto se logró con solo pocas bajas. El 26 de julio, Día Jig + 2, la 2da División informó de dos muertos y 14 heridos. Estas fueron las pérdidas más graves desde el primer día y la primera noche de combates sufridos por el 14° de la Infantería de Marina, el regimiento de artillería de la 4ta División, tras el contraataque japonés. Un proyectil enemigo se estrelló contra el centro de dirección del fuego del 1er Batallón, matando al comandante del batallón, al oficial de inteligencia, al oficial de operaciones ya otros siete miembros del personal. También resultaron heridos catorce infantes de marina en el cuartel general del batallón. Casi todas las bajas sufridas por el regimiento durante la campaña de Tinian ocurrieron ese día, el 25 de julio.

La mañana del 27 de julio, Día Jig + 3, comenzó el camino hacia el sur. El plan del General Schmidt para los dos primeros días del viaje alternaba entre el impulso principal de las dos divisiones. La historia oficial de la operación la compara con "un hombre abriéndose paso a codazos entre la multitud balanceándose de un brazo y luego del otro".

La 2da División recibió el trabajo más pesado el 27 de julio. El fuego de artillería desde el sur de Saipán había suavizado las posiciones enemigas sospechosas temprano en la mañana. A las 07.30 horas, la 2da División inició su avance. Avanzaron rápidamente y fueron acosados por disparos esporádicos de armas. Hacia las 1345 habían alcanzado su objetivo. Ganaron más de 4.000 yardas en menos de seis horas.

La 4ta División partió a última hora de la mañana contra una "oposición insignificante" y alcanzó su objetivo al mediodía antes de dar por terminado el día. Un prisionero de guerra japonés se quejó a sus captores: "No se podía dejar caer un palo sin derribar la artillería".

En la mañana del 28 de julio, el 4° de la Infantería de Marina consiguió el trabajo de "codo oscilante". Ahora era evidente que los defensores japoneses restantes huían a las colinas y cuevas a lo largo de la costa sur. La oposición al avance de los marines fue prácticamente nula. El 4° de la Infantería de Marina se movió más de dos millas en menos de cuatro horas, con tropas en semiorugas y tanques.

Comenzando de nuevo temprano en la tarde de manera *relámpago*, invadieron el aeródromo del Punto Gurguan antes de retirarse por el día a las 17:30 después de ganar poco más de 7.000 yardas, un poco más de 4 millas. La 2da División se puso en servicio liviano y avanzó unos cientos de metros, alcanzó su objetivo en dos horas y se apresuró a esperar la mañana siguiente.

Más tarde, el general Cates escribió cómo espoleó a las tropas de la 4ta División: "Miren, hombres", dije. "La isla hawaiana de Maui nos espera. ¿Ven los barcos ahí fuera? Cuanto más rápido terminen con esto, más rápido estaremos de regreso allí '. Casi corrieron hacia el otro extremo de esa isla".

El día 29, el General Schmidt abandonó la táctica de los codazos y ordenó a ambas divisiones que se movieran tan lejos y tan rápido como fuera posible. La oposición había sido tan leve que se cancelaron los disparos preparatorios para salvar los menguantes proyectiles de artillería que quedaban en Saipán y evitar cualquier "desperdicio de disparos navales en áreas en gran parte abandonadas por el enemigo".

Mientras que el 2º de Infantería de Marina en el terreno oriental se encontró con focos de resistencia en el Punto Masalog, el 6º de la Infantería de Marina se encontró con una patrulla japonesa de veinte hombres que intentaba penetrar las líneas del regimiento después del anochecer. El 25 recibió un fuerte fuego de francotiradores mientras se movían a través de los campos de caña y se involucraron en un intenso tiroteo con las tropas japonesas que luchaban desde posiciones atrincheradas más tarde en el día. Los infantes de marina sufrieron bajas y uno de sus tanques quedó inutilizado en la lucha. Pero la resistencia finalmente se superó. El 24º de Infantería de Marina que operaba cerca de la costa oeste se topó con posiciones japonesas, incluida una serie de búnkeres que se apoyaban mutuamente. El 4º Batallón de Tanques informó que el área tuvo que ser invadida dos veces por tanques antes de que terminara la resistencia.

Al anochecer, más de la mitad de Tinian estaba en manos de los marines. La 4ta División de la Infantería de Marina podía ver la ciudad de Tinian desde sus trincheras. Si bien es excelente para la moral, la noche se vio estropeada por el clima y la intensa actividad enemiga. Una torrencial lluvia atravesó la noche. Los morteros y la artillería enemigos dispararon sin descanso, provocando fuego de contrabatería de los artilleros de los marines. Sondas silenciadas por fuego de morteros y armas pequeñas frente a los Marines 3/25: se encontraron cuarenta cuerpos japoneses en el área al amanecer.

El 30 de julio (Día Jig + 6), El Pueblo de Tinian se convirtió en el principal objetivo de la 4ta División. A las 07.30, todos los batallones de artillería de la división iniciaron fuego preparatorio frente a las líneas de la Infantería de Marina. Después de diez minutos, cesaron los disparos y las tropas se retiraron. Inmediatamente, dos destructores y un crucero que se encontraban en el puerto de Sunharon en el pueblo de Tinian iniciaron un bombardeo de una hora para apoyar a los marines. Los infantes de marina 1/24 avanzaron 600 yardas antes de ser atacados por un intenso fuego desde las cuevas a lo largo de la costa al norte del pueblo.

Con la ayuda de tanques y anfibios blindados que operaban en alta mar, ese problema se resolvió. Los tanques lanzallamas trabajaron sobre las cuevas, lo que permitió a los ingenieros sellarlas con cargas de demolición. Un arma de 75 mm escondida en una cueva fue encontrada y destruida.

El regimiento entró en las ruinas del pueblo de Tinian a las 14.30. A excepción de un soldado japonés solitario, eliminado en el acto, el pueblo estaba desierto. Después de buscar francotiradores y documentos entre los escombros, los marines avanzaron hacia su objetivo de línea O-7 al sur de la ciudad. El mayor peligro lo constituían las minas y las trampas explosivas colocadas en las zonas de playa y carreteras.

Mientras el 24° continuaba hacia el sur, el 25° de la Infantería de Marina se apoderó del aeródromo 4 en las afueras del Pueblo de Tinian. Un prisionero japonés reveló que el aeródromo inacabado se completó rápidamente para acomodar los aviones de socorro prometidos por Tokio. Sólo un avión estaba estacionado en la pista de aterrizaje de coral aplastado: un solitario caza Zero. En la sala de suministros se encontraron trajes de vuelo, gafas protectoras y otros equipos.

De camino al aeródromo, el 25° recibió fuego ligero de armas pequeñas y, mientras cruzaba la pista de aterrizaje, se le aplicó fuego de mortero desde posiciones en el sur. Esa fue la última acción del 25° en la campaña de Tinian. Entraron en reserva y fueron relevados por unidades del 23° y el 1/8 de la Infantería de Marina.

La 2da División que operaba al este de la 4ta se encontró con una oposición intermitente de posiciones de ametralladoras y un obús de 70 mm. Los infantes de marina 3/2 de la 2da División tuvieron el peor momento. Después de silenciar el obús, atacaron a través de un campo abierto y persiguieron a una fuerza japonesa hacia una gran cueva. Con la ayuda de un tanque lanzallamas, noventa y tres japoneses murieron y cuatro ametralladoras fueron destruidas.

Posteriormente, el batallón fue bombardeado con morteros. El comandante de la unidad, Coronel Walter Layer escribió: “Estaba más allá de mi memoria en cuanto al número de bajas que sufrió el tercero en ese momento. Recuerdo haber prestado primeros auxilios a los marines heridos y haber visto a siete heridos o muertos por fuego de mortero enemigo. Las semiorugas y los tanques tomaron al enemigo bajo fuego, destruyendo los morteros enemigos".

Hubo más retrasos menores, pero la división alcanzó el objetivo a tiempo y se atrincheró en 1830. Casi el ochenta por ciento de la isla estaba ahora en manos estadounidenses.

Fin de la Resistencia

Los japoneses ahora estaban confinados a una pequeña área del sureste de Tinian. Los infantes de marina habían avanzado tan rápido que solo cuatro millas de la isla permanecían seguras disparando para los barcos que no apoyaban a los batallones.

El general Schmidt vio el final a última hora de la tarde del 30 de julio. Ordenó a las divisiones que avanzaran hasta la costa sureste y tomaran todo el territorio que quedaba en manos enemigas y destruyeran a las tropas japonesas.

Esta no fue una tarea insignificante y causó la pelea más dura desde el contraataque del Día Jig. Un oficial japonés capturado el 29 de julio estimó que 500 soldados de la *56ta Fuerza de la Guardia Naval* y 2.000 del *50º Regimiento de Infantería* estaban listos para la batalla en el área sureste de la isla. La inteligencia estadounidense estimó el 29 de julio, basándose en informes diarios de las divisiones, que 2.800 soldados japoneses ya habían sido muertos o hechos prisioneros hasta ese momento. Si esto fuera cierto, entonces casi dos tercios de los 9.000 defensores japoneses todavía estarían vivos y listos para defender la isla.

La principal fuerza japonesa ocupaba un terreno accidentado que era difícil de alcanzar y atravesar, muy adecuado para sus propósitos defensivos. Fuera de la ciudad de Tinian, el paisaje apacible terminaba con el suelo elevándose a mesetas de más de 5.000 pies de largo y 2.000 yardas de ancho, con altitudes de más de 500 pies. Había muchas cuevas. Las mesetas eran rocosas y estaban cubiertas de maleza espesa. A lo largo de la costa este, las paredes de los acantilados se elevaban y parecían imposibles de escalar. Los acantilados y el crecimiento de la jungla obstruían los accesos. El camino en el centro de la meseta conducía a su cima y, según informes, estaba minado. Esta meseta sería la última área de resistencia para los japoneses restantes.

Luego vino el bombardeo más intenso que ninguna fuerza japonesa había experimentado durante la Segunda Guerra Mundial. Los regimientos de artillería de la marina en el sur de Saipán dispararon durante la noche del 30 de julio contra las líneas boscosas de los acantilados. Los acorazados *California* y *Tennessee* junto con el crucero pesado *Louisville* y los cruceros ligeros *Birmingham* y *Montpelier* comenzaron dos bombardeos sostenidos a las 0600.

Disparando durante más de una hora, se detuvieron para permitir un ataque de cuarenta minutos por parte de 126 P-47 cazas Thunderbolt, Bombarderos Mitchell y Bombarderos Grumman Avenger desde el portaaviones *Kitkun Bay*. Estos aviones arrojaron setenta toneladas de explosivos antes de que se reanudaran los disparos desde alta mar durante otros treinta minutos.

Los acorazados y cruceros dispararon más de 600 toneladas de proyectiles contra sus objetivos. Los artilleros de los infantes de marina del 10° y 14° dispararon más de 7.000 rondas durante la noche. Según un prisionero japonés, el efecto fue "insoportable".

Al día siguiente, la tarea del 2º de la Infantería de Marina consistió en despejar la zona costera occidental con un batallón asignado para la toma de la meseta. Los segundos infantes de marina intentaron sellar la costa este en la base de la meseta. Los infantes de marina del 6°, 8° y 23° atacarían las áreas de los acantilados y avanzarían hasta la cima de la meseta.

El 24º de la Infantería de Marina saltó a las 08:30 y avanzó hacia las llanuras costeras. Inmediatamente se encontraron con matorrales y pastizales tan densos que las operaciones de los tanques se verían obstaculizadas. Anfibios acorazados que se encontraban en alta mar dispararon contra las posiciones enemigas en la playa y cubrieron el flanco derecho del regimiento mientras avanzaban por la costa. Una unidad de playa japonesa del tamaño de un pelotón lanzó un contraataque tonto contra los Marines 1/24 a las 0950. Los japoneses fueron destruidos. Los tanques de lanzamiento de llamas quemaron la maleza y el pastizal, que ocultaban las posiciones de los fusileros japoneses.

El 3er Batallón en el flanco izquierdo del regimiento asaltó la base de la meseta. Encontraron una oposición mínima hasta las 1610 cuando tomaron fuego de ametralladoras y rifles desde posiciones en el acantilado. Se convocó a los tanques, pero quedaron atrapados en un campo de minas y se retrasaron durante varias horas mientras los ingenieros despejaban docenas de minas.

Los marines 1/23 encontraron un problema similar. Cuando el regimiento se acercó a la meseta, se encontraron con un intenso fuego de armas pequeñas desde dos posiciones. Un pequeño pueblo en la base del acantilado y desde el propio acantilado. Les dispararon con un "arma de gran calibre". Los marines avanzaron sin el apoyo de los tanques, corrieron unos metros, luego se zambulleron y se levantaron para avanzar de nuevo. Los tanques de la armada finalmente vinieron en busca de esa arma esquiva y bien escondida. Un tanque recibió seis impactos del cañón japonés. Un segundo tanque fue alcanzado, pero en el proceso, se destruyó un búnker de concreto camuflado que ocultaba un cañón antitanque de 47 mm y veinte tropas enemigas.

Los marines 2/23 fueron atacados por ametralladoras y fusileros. Uno de sus tanques de apoyo fue inutilizado por una mina. Su tripulación fue llevada a un lugar seguro por otro tanque, pero el tanque inutilizado fue tomado por los japoneses y utilizado como nido de ametralladoras blindadas. Se enviaron otros tanques para eliminarlo. El 23º Regimiento también perdió dos cañones de 37 mm y un camión de

1 tonelada perteneciente al pelotón de semioruga del regimiento. Las armas y el vehículo se adelantaron demasiado y fueron objeto de un intenso fuego antes de ser abandonados. Posteriormente, el pelotón recuperó uno de los cañones y retiró el bloque de cierre del otro. Se recuperó la ametralladora calibre 50 de su montaje en camión.

A última hora de la tarde, los marines 1/23 se afianzaron en la cima de la meseta. El 3er Batallón pronto lo siguió. En su flanco izquierdo, los Marines 3/8 no hicieron mucho ante el fuego de armas pequeñas para llegar a la base del acantilado donde se retrasaron por la noche. El 1er Batallón tuvo más suerte. La Compañía A llegó a la cima de la meseta a las 16.30 y pronto fue seguida por todo el batallón y las Compañías E y G de los 2/8 Marines.

El capitán Carl Hoffman, comandante de la Compañía G de los marines 2/8, escribió más tarde una historia definitiva de las campañas de Saipan y Tinian. En una entrevista, describió sus propias experiencias en la cima de la meseta en la noche del 31 de julio: "Cuando llegamos allí, había suficiente luz diurna para conectarnos adecuadamente con alambre de púas, establecer nuestros campos de fuego y sitios de nuestras bandas entrelazadas de fuego de ametralladora. Todo lo necesario para preparar una buena defensa.

"Al anochecer, el enemigo inició una serie de ataques de sondeo. Algunos japoneses llegaron a nuestras posiciones. Fue una noche tan negra que los japoneses moviéndose en nuestras posiciones pusieron nerviosas a nuestras tropas y desafiaron a todos los que estaban a la vista. No tuvimos ningún incidente desafortunado que involucrara infantes de marina disparando contra infantes de marina porque todos estábamos bien experimentados en este punto.

"Mientras avanzaba la noche, la intensidad de los ataques enemigos comenzó a aumentar y finalmente lanzaron un ataque banzai completo contra nuestro batallón. Lo extraño que hicieron los japoneses allí fue que ejecutaron un ataque de oleada tras otro contra cartuchos de 37 mm. Esa arma acaba de apilar muchos cadáveres de japoneses. Tan pronto como un artillero caía, otro ocupaba su lugar. [Ocho de los diez infantes de marina que manejaban esa arma murieron o resultaron heridos.] Estábamos a la altura del hombro con japoneses muertos frente a esa arma. A la mañana siguiente, habíamos derrotado al enemigo. A nuestro alrededor había muchos muertos, cientos de ellos. A partir de entonces, pudimos terminar el resto de la campaña sin ninguna dificultad. La gente solía decir que la campaña de Tinian fue la campaña más fácil, del Pacífico".

Los marines en esa posición de 37 mm en el acantilado podrían no estar de acuerdo con esa evaluación y pensar que Tinian fue la campaña más activa de la Guerra del Pacífico.

El capitán Hoffman tuvo otra experiencia vívida antes de dejar la isla. Estaba obsesionado con los soldados que tocaban la corneta y llevó al suyo con él durante toda la Guerra del Pacífico: "En Tinian, no me arriesgué a enviar a mi corneta a tierra en una ambulancia de batallón o en un carro de ametralladoras. Lo hice volar. Una noche, mis tropas estaban en un pequeño perímetro con alambre de púas a nuestro alrededor en lo alto de un acantilado. Mis marines pedían a gritos: "Pretty Baby" y "Oh, hermosa muñeca", entre otras. Mientras tocaba estas melodías, de repente, escuché el grito de banzai. Un soldado japonés cargó directamente hacia mí a través del alambre de púas. Los marines tenían sus armas listas, y debieron haberlo alcanzado desde catorce direcciones diferentes a la vez. Ni siquiera llegó a lanzar su granada. No debe haberle gustado mi música. No soy partidario de mi corneta. Pero continué con mi pequeño concierto después de que nos encargamos de él".

En la madrugada del 1ro de agosto, ocurrió un último ataque banzai. Una fuerza japonesa de 150 hombres atacó a los Marines 1/20 en el flanco izquierdo de Hoffman. Después de veinte minutos, el ataque se agotó y al amanecer, los japoneses se retiraron. Cien cuerpos japoneses destrozados yacían en un área a setenta yardas frente a la Compañía E de los Marines 2/28. Esa noche, el 8° de la Infantería de Marina sufrió setenta y cinco bajas.

Al día siguiente, las dos divisiones volvieron a trabajar. La 2da División se movió a través de la meseta hacia los acantilados del este. La 4ta División avanzó hacia los acantilados al sur y al oeste. Cuando llegaron al borde de la escarpa y vieron el océano, su trabajo estaba principalmente hecho. A las 1900, el General Schmidt declaró la isla asegurada. Eso significaba que la resistencia organizada había terminado. Pero no la matanza. Cientos de tropas japonesas permanecieron ocultas en cuevas en los acantilados del sur que se elevan desde el océano.

El 2 de agosto, una fuerza japonesa de 200 hombres cargó y atacó a los Marines 3/6. Después de más de dos horas de combate, 119 japoneses fueron destruidos. Este tipo de contacto continuó durante meses. A finales de año, el 8° de la Infantería de Marina que partió en Tinian para operaciones de limpieza había sufrido sesenta y siete bajas, con veintidós infantes de marina muertos. Las pérdidas japonesas ascendieron a más de 500 muertos.

A partir del 1ro de agosto se produjeron rendiciones a gran escala por parte de civiles que huían de las cuevas donde se refugiaban. La inteligencia naval estimó que cerca de 10.000 civiles se ocultaban en el sector sureste.

El General de la infantería de marina James Underhill asumió el mando de la isla como gobernador militar el 10 de agosto. Era responsable del cuidado y la alimentación de los civiles. Escribió sobre sus experiencias: "Quinientos pasaron inmediatamente, al día siguiente ochocientos, luego mil, y luego dos mil y así sucesivamente. Los números aumentaron hasta que contamos más de 8.000. Otros 3.000 se ocultaron en las cuevas y permanecieron allí por meses. El 30 por ciento eran hombres adultos, el 20 por ciento mujeres adultas y el resto eran niños. Estaban en un estado terrible: hambrientos, enfermos, heridos. Tenían pocas posesiones más allá de la ropa que llevaban puesta.

"Estimamos que 4.000 civiles murieron en el bombardeo de Tinian y los combates en la isla. En Saipan, los infantes de marina no pudieron evitar los suicidios masivos entre la población civil. Si bien tuvimos más éxito en Tinian, ocurrieron incidentes desafortunados. Los civiles, por ejemplo, murieron bajo el fuego de los marines después de vagar por las líneas durante la noche".

Los informes de suicidios y asesinatos rituales eran comunes. Esto fue tomado de un informe del 3 de agosto: "Se produjeron varios accidentes durante el día. Los niños japoneses fueron arrojados al océano desde acantilados por sus padres. Los militares japoneses agruparon a civiles en números de veinte y les colocaron cargas explosivas, haciéndolos volar en pedazos. Tanto militares como civiles se alinearon en los acantilados y se lanzaron al océano. Los soldados japoneses empujaron a los civiles por el acantilado".

Algunos esfuerzos para prevenir este tipo de incidentes tuvieron éxito. Los marines utilizaron amplificadores en tierra y en alta mar, prometiendo un buen trato a los civiles y soldados que se rindieran pacíficamente. Muchos civiles, vestidos con coloridas sedas japonesas, respondieron a las promesas de los marines, pero estaba claro por la expresión de sus rostros que esperaban lo peor.

Las Secuelas de Tinian

Para el 14 de agosto, toda la 4da División había embarcado hacia el campamento base en Maui. En Tinian, sufrieron más de 1.100 bajas, con 210 muertos. Su siguiente destino sería Iwo Jima.

La 2da División permaneció en las Islas Marianas. Establecieron un campamento base en Saipan. El 8° de Marines permaneció en Tinian para hacer limpieza hasta el 25 de octubre, cuándo los Batallones 2° y 3° fueron trasladados a Saipán. Esto dejó atrás a un infeliz 1er Batallón hasta que fue relevado a finales de año.

El coste global para la 2da División en Tinian fue de 760 bajas, incluyendo 105 muertos. Esta cifra no incluía las bajas sufridas después de que la isla fuera "asegurada" el 1ro de agosto.

Las pérdidas militares japonesas basadas en los cuerpos contados y enterrados fueron más de 5.000. Se supone que otros miles quedaron aprisionados en fortificaciones y cuevas subterráneas. El número de prisioneros tomados fue de 437.

El Cuerpo Aéreo del Ejército tenía ahora las bases de bombarderos B-29 que necesitaba para bombardear Japón. Con la captura de las Marianas, estaban situadas a sólo 1.200 millas náuticas de las islas interiores de Japón. Una distancia ideal para los bombarderos B-29 y su alcance de casi 3.000 millas. Tinian se convirtió en el hogar de dos alas de la 20° Fuerza Aérea. Después de la conquista de Tinian, los B-29 bombardearon el territorio continental japonés en menos de tres meses. Durante el año siguiente, los B-29 volaron casi 30.000 misiones desde las Marianas. Lanzaron más de 150.000 toneladas de explosivos que mataron (según las estimaciones japonesas) a 250.000 personas y dejaron a más de nueve millones sin hogar, con 2.200.000 casas demolidas.

El lugar de Tinian en la historia se cimentó con el vuelo del *Enola Gay* que lanzó una bomba nuclear sobre Hiroshima el 6 de agosto de 1945. Pocos días después, se lanzó otra bomba nuclear sobre Nagasaki. Al día siguiente, el Imperio de Japón se rindió.

Cuando la noticia de la rendición oficial llegó a la división en Saipán, un marine recordó que miró la costa limpia y rocosa de Tinian, y las rocas de coral donde habían desembarcado. Pensó en la costa prohibida de Japón, la costa que podría haberles esperado en el otoño. Dijo: "Tinian fue una buena inversión, supongo".

Fuerza de Defensa Japonesa

Los japoneses fortificaron Tinian y otras islas de la cadena de las Marianas, violando directamente el mandato de la Liga de Naciones. En 1944, la guarnición de Tinian contaba con más de 9.000 efectivos de la Marina y el Ejército y la población total de la isla superaba los 25.000 habitantes.

La principal fuerza de combate era el *50º Regimiento* de Infantería, un destacamento de la 29na División de Guam. Estacionado en Manchuria desde 1941 hasta su traslado a Tinian en marzo de 1944. Las tropas eran veteranos curtidos en la batalla de varias campañas en Manchuria. El coronel Keishi Ogata comandaba el regimiento, compuesto por tres batallones de infantería de 875 hombres, un batallón de artillería de montaña con doce cañones de 75 mm, compañías de comunicaciones, médicos e ingenieros. También incluía una compañía de doce tanques ligeros, personal de apoyo al cuartel general y un pelotón antitanque. Ogata también contaba con un batallón del 135° Regimiento de Infantería con una dotación de 900 hombres. En total, más de 5.000 soldados del ejército japonés fueron asignados a la defensa de la isla.

La unidad de la Marina era la *56ta Fuerza de la Guardia Naval.* Una unidad de defensa costera de 1.400 hombres complementada por cuatro batallones de construcción con una fuerza combinada de 2.000 hombres. Otras unidades navales que sumaban 1.000 hombres incluían un destacamento de la 5ta Fuerza de Base y elementos terrestres de siete escuadrones de aviación.

El personal de la marina japonesa sumaba más de 4.200 hombres y estaba bajo el mando inmediato del capitán Oichi Oya. Tanto Ogata como Oya tenían un rango superior al del vicealmirante Kakuji Kakuda, al mando de la 1ra Flota Aérea con sede en Tinian. Pero a medida que se acercaba la invasión, Kakuda no contaba con ninguna flota aérea que comandar. De los 111 aviones estimados con base en los aeródromos de Tinian, los ataques aéreos estadounidenses habían destruido setenta en tierra a principios de junio. Para el 24 de julio, en el momento del desembarco en Tinian, ninguno de los aviones de Kakuda estaba operativo.

Kakuda era, según los estándares físicos japoneses, una figura corpulenta. Medía más de dos metros y pesaba más de 90 kilos. Tenía una sed insaciable de licor y carecía de la fortaleza necesaria para enfrentarse a las dificultades que se le presentaban en Tinian. Se le conocía como un borracho extremadamente desagradable, según muchos relatos.

Nueve días antes de la invasión, el 15 de julio, Kakuda y su grupo del cuartel general intentaron escapar en botes de goma hasta la isla de Aguijan y reunirse con un submarino japonés. No lo consiguieron. Lo intentaron durante cinco noches seguidas con los mismos resultados antes de abandonar el esfuerzo el 21 de julio. Kakuda huyó con sus oficiales de Estado Mayor a una cueva en la costa oriental de Tinian para esperar su destino.

Un prisionero japonés que más tarde describió el intento de huida de Kakuda asumió que se había suicidado tras el desembarco americano, pero eso nunca se verificó. Hacia el final de la batalla por Tinian, uno de los auxiliares de Kakuda condujo a una patrulla americana a su cueva. Esta patrulla fue atacada y dos marines resultaron heridos. Otro grupo de pioneros de la Marina que pasaba por allí selló la cueva con cargas de demolición, pero aún se desconoce si Kakuda se encontraba dentro.

El almirante Kakuda no participó en la dirección de la resistencia japonesa en Tinian. El Coronel Ogata tomó el mando de la defensa de la isla. Asumió el mando de las fuerzas de la Marina y del Ejército. Diarios japoneses, encontrados más tarde, mostraron la fricción entre los dos hombres. En el batallón de artillería del *50º Regimiento*, un soldado japonés escribió: "9 de marzo: La Marina permanece en edificios oscuros y tiene libertad todas las noches acompañados con licor para beber y amenizando peleas. En cambio, nosotros nos quedamos bajo la lluvia y no salimos en ningún pase; qué diferencia de disciplina.

"12 de junio: Nuestros cañones antiaéreos tripulados por la Marina esparcen humo negro donde no están los aviones enemigos. Ni un solo impacto de más de mil disparos. Nuestro Grupo Aéreo Naval se ha puesto en marcha."

"15 de junio: Los aviadores de la Marina son unos ladrones. Cuando huyeron a las montañas, robaron provisiones del Ejército".

La geografía de la isla dictó las defensas de Tinian. Estaba rodeada por acantilados de coral que se elevaban desde la costa como parte de una meseta de piedra caliza que subrayaba la isla. Los acantilados medían entre 1 y 1,5 metros. Las brechas en el acantilado eran escasas y, cuando se producían, eran estrechas. Esto dejaba realmente poco espacio de playa para cualquier fuerza de invasión. A lo largo de la costa de Tinian, sólo cuatro playas eran dignas de ese nombre.

El puerto de Sunharon, frente a la ciudad de Tinian, era el objetivo más adecuado para un asalto anfibio. Tenía varias franjas anchas de arena. El puerto era mediocre, pero proporcionaba un fondeadero con buen tiempo para que los barcos cargaran y descargaran la carga en los dos muelles de Tinian Town.

El coronel Ogata supuso que esta playa sería la primera opción para los estadounidenses. De los más de cien cañones en posiciones fijas en la isla -fusiles navales británicos de 6 pulgadas y ametralladoras pesadas de 7,7 mm-, un tercio estaba asignado a la defensa del pueblo de Tinian, sus playas y el aeródromo del Punto Gurguan, a dos millas al noroeste. En un radio de dos millas del pueblo se encontraban 1.400 hombres de la 56ta Fuerza de Guardias Navales y del 135° Regimiento de Infantería designados como fuerza móvil de contraataque. Su área de responsabilidad se extendía hasta Punto Lalo, en el extremo sur de la isla, y al este hasta Punto Masalog. Esto constituía el "sector sur" del plan de defensa de Ogata.

El resto de la isla se dividía en los sectores noreste y noroeste. El sector noreste contaba con los aeródromos de Punto Ushi y una posible playa de desembarco de 125 metros de ancho al sur del Punto Asiga, en la costa este de la isla. Cerca de los aeródromos de Ushi había entre 500 y 900 efectivos de la Marina. Un batallón del 50° Regimiento de Infantería y un grupo de ingenieros estaban estacionados en el interior del Punto Asiga. En el sector noroeste había dos estrechas franjas de playa separadas por menos de mil metros. Una de ellas tenía sesenta metros de ancho y la otra el doble de largo. Eran populares entre los civiles japoneses porque el agua era apta para el baño y la arena era blanca. Conocidas como las Playas White -y para gran sorpresa de los japoneses- como la ruta de la invasión americana.

Este sector fue defendido modestamente por una sola compañía de infantería y una escuadra antitanque, a 450 yardas al noreste de las Playas White. Las tripulaciones de los cañones estaban situadas en emplazamientos que contenían un cañón antitanque de 47 mm, un cañón antitanque de 37 mm y dos ametralladoras de 7,7 mm.

El coronel Ogata estableció su puesto de mando en una cueva del monte Lasso, en el centro de la región norte, a poco más de tres kilómetros de las playas a ambos lados de la isla. El 25 de junio, emitió órdenes que decían: "se puede esperar que el enemigo en Saipán esté planeando un desembarco en Tinian. Se estima que la zona de ese desembarco será el puerto de Asiga [en la costa noreste] o el de Tinian". Tres días más tarde, siguió con un plan de batalla de las fuerzas de defensa en el que se describían sus dos contingencias.

(1) En caso de que el enemigo desembarque en la bahía de Asiga.

(2) En caso de que el enemigo desembarque en el puerto de Tinian (puerto de Sunharon).

El Coronel Ogata emitió un plan para la "Guía de Batalla" el 7 de julio. Ordenó a sus hombres que estuvieran preparados para los desembarcos en la Bahía de Asiga y el pueblo de Tinian y para un contraataque si los americanos invadían a través de las Playas White.

Según su plan de batalla, en cada uno de los tres sectores, los comandantes debían destruir al enemigo en la playa, pero también estar preparados para desplazar dos tercios de sus fuerzas a otro lugar. Su fuerza de reserva debía mantener posiciones fortificadas y puntos de contraataque mientras mantenía la observación y el fuego antiaéreo en la zona. La fuerza móvil de contraataque debía avanzar rápidamente hacia los desembarcos en función del ataque y de la situación. En caso de éxito en el desembarco, sus fuerzas "contraatacarían hasta el agua y destruirían al enemigo en las playas de un solo golpe, especialmente cuando el tiempo impidiera un rápido movimiento de las fuerzas dentro de la isla".

Si las cosas iban mal, se replegarían a las posiciones preparadas en la parte sur de las islas y defenderían cada posición hasta la muerte.

Muchas de estas órdenes eran contradictorias y otras eran imposibles de ejecutar. Pero a pesar de las probabilidades en su contra -sin apoyo aéreo o marítimo y enfrentados a tres divisiones fuertemente armadas a sólo tres millas de distancia en Saipán- el espíritu de lucha japonés no se había quebrado por más de cuarenta días de intensos bombardeos.

En el *50º Regimiento de Infantería*, un soldado japonés escribió en su diario el 30 de junio: "Hemos pasado más de veinte días bajo un incesante bombardeo enemigo y ataques aéreos, pero sólo hemos sufrido pérdidas menores. Todos, desde el oficial al mando hasta el soldado raso, estamos llenos de espíritu de lucha. Qué exaltadas son las gallardas figuras del Comandante de la Fuerza, del Comandante del Batallón y de sus subordinados que han soportado este violento bombardeo artillero y aéreo".

La Selección de la Playa White

La selección de las playas del noroeste se consideró la clave del éxito en la operación de Tinian. Aunque se ha debatido el mérito de esa decisión, el General Schmidt escribió más tarde sobre el tema "muchos oficiales de alto rango se preguntaron quién había ideado el plan. Mientras la 4ta División estaba bajo mi mando y antes de la campaña de las Marianas, mi oficial de planificación, el coronel Evans Carlson, ideó un plan, y probablemente este plan se convirtió en el V Cuerpo Anfibio".

El Coronel Gooderham McCormick, oficial de inteligencia de la división que más tarde se convirtió en alcalde de Filadelfia, estuvo de acuerdo con esta valoración. Escribió: "Evans Carlson fue el hombre que planificó ese desembarco. Me contó todo sobre el plan de Tinian antes de ser herido el 22 de junio en Saipán".

El General Graves Erskine, jefe del Estado Mayor del V Cuerpo Anfibio, minimizó el papel de Carlson. En una entrevista, dijo: "Si había planes, y presumo que los había, ninguno de ellos estaba a mi disposición ni a la de mi personal."

El historiador Ronald Spector escribió en su libro de historia de la Guerra del Pacífico que el General Holland Smith había forzado la cuestión. El Contralmirante Hill y el General Smith propusieron utilizar las dos playas White para el asalto, pero el Almirante Turner vetó la propuesta y le dijo al contralmirante Hill que planificara un desembarco cerca del Pueblo de Tinian. Aunque Hill accedió a regañadientes, ordenó a parte de su personal que siguiera trabajando en el plan de las Playas White. Smith y Hill intentaron una vez más hacer cambiar de opinión al Almirante Turner, pero éste siguió negándose obstinadamente a reconsiderarlo.

En un intercambio característico entre el General Holland Smith y el Almirante Turner, éste dijo: "No van a desembarcar en las playas White. No le dejaré desembarcar allí".

"Oh, sí, lo hará", dijo el General Smith. "Me permitirá desembarcar en cualquier maldito lugar que le diga".

El Almirante Turner estaba ahora molesto e inflexible. "Le digo que no se puede. Es absolutamente imposible".

El General Smith dijo: "¿Cómo sabe que es imposible? ¿Acaso tiene tanto miedo de que alguno de sus barcos resulte dañado?"

Este intercambio de palabras no hizo cambiar de opinión al Almirante Turner. Entonces, Hill llevó el asunto al superior de Turner, el Almirante Spruance. A Spruance le gustó la idea de las Playas White, pero no quiso desautorizar a Turner, un experto en guerra anfibia. Después se organizó una conferencia con Turner y sus comandantes subordinados a bordo del buque insignia. Todos los presentes se pronunciaron a favor de un asalto a las Playas White. Spruance se dirigió más tarde a Turner, quien le anunció con calma que ahora también estaba a favor de las Playas White.

El almirante Turner escribió más tarde sobre el incidente, "antes de que el reconocimiento del 11 de julio estuviera disponible, ya había decidido aceptar las Playas White a menos que los informes de reconocimiento fuesen desfavorables".

Citando a John F. Kennedy: "La victoria tiene muchos padres, pero la derrota es huérfana".

General Clifton Cates

Clifton Cates fue comisionado en 1917. Este oriundo de Tennessee fue enviado a Francia con el 6º de los Marines en la Primera Guerra Mundial. Regresó a los Estados Unidos como un joven oficial bien condecorado tras su período de ocupación de Alemania.

Uno de sus primeros destinos después de la guerra fue como ayudante del comandante general George Barnett. Durante sus más de treinta y siete años como marine, Cates fue uno de los pocos oficiales que había comandado un pelotón, una compañía, un batallón, un regimiento y una división en combate. Al comienzo de la Guerra de Corea, era el 19º Comandante del Cuerpo de Marines.

Sus tareas durante los años de entreguerras consistieron en una combinación de misiones de estado mayor, y un período como comandante de batallón del 4º de Marines en ese momento en Shanghái. Asumió el mando del 1º de Marines en mayo de 1942.

El General Cates dirigió el 1° de Marines en el desembarco de Guadalcanal. A su regreso a los Estados Unidos, fue ascendido a general de brigada. Volvió a la guerra del Pacífico a mediados de 1944 y tomó el mando de la 4ta División de Marines el 12 de julio a tiempo para la operación de Tinian, sucediendo al General Schmidt, que había asumido el mando de todo el V Cuerpo Anfibio. También dirigió el asalto a Iwo Jima y fue condecorado al final de los combates con su segunda Medalla por Servicios Distinguidos.

Parte de la cita que acompañaba a la medalla decía: "Por despreciar repetidamente su propia seguridad personal. El General de división Cates recorrió diariamente su propio frente para reunir a unidades cansadas y agotadas. Demostrando su valor impertérrito, su tenaz perseverancia y su firme liderazgo frente a las abrumadoras probabilidades, inspiró constantemente a sus robustos marines a realizar esfuerzos heroicos durante la fase crítica de la campaña."

El 1 de enero de 1948, el general Cates asumió el mando del Cuerpo de Marines hasta el 31 de diciembre de 1951, fecha en la que volvió a ostentar las tres estrellas de teniente general y comenzó un segundo período como comandante de la escuela del Cuerpo de Marines en Quántico, Virginia.

El general Cates se retiró del Cuerpo de Marines el 30 de junio de 1954. Murió el 4 de junio de 1970, a la edad de 76 años.

Napalm: Una Nueva Arma

En 1944, el personal del Cuerpo Aéreo del Ejército en la Base Aérea de Eglin, cerca de Fort Walton Beach, Florida, creó una nueva arma. Conocida como "bomba incendiaria" y utilizada estratégicamente por primera vez cerca de la isla de Pohnpei, al sureste de Tinian, en febrero de 1944.

Los ingredientes eran gasolina, gasóleo y la sal metálica utilizada en la fabricación de jabón. Mezclada con combustibles derivados del petróleo, la sal creaba una gelatina incendiaria que se adhería a cualquier superficie y se convertía en una llama abrasadora. Este brebaje sería conocido para siempre como "napalm". Podía lanzarse en contenedores de vientre o de ala fijados a la parte inferior de un avión y se disparaba mediante un encendedor al contacto con el suelo.

Cinco días antes del desembarco en Tinian, el 19 de julio, el capitán de corbeta de la Marina Louis Wang llegó a Saipán con un pequeño suministro de polvo de napalm y una película realizada en Eglin que mostraba la potencia de esta nueva bomba. En ella se mostraba a los P-47 Thunderbolt realizando los lanzamientos a baja altura después de una picada desde 2.000 pies de altura.

Esa película impresionó tanto al General Schmidt y al Contralmirante Hill que éste se puso en contacto por radio con el Almirante Nimitz, en Hawai, y solicitó 8.500 libras de pólvora. Hill también ordenó incursiones de prueba en Tinian por parte de los pilotos de los P-47 del 318º Grupo Aéreo del Ejército, utilizando la pólvora y los detonadores que tenían a mano.

Estos ensayos no fueron notables. Su objetivo era quemar las zonas boscosas que antes eran resistentes a la termita y al fósforo blanco.

El napalm quemó los árboles, pero dejó el follaje sólo parcialmente quemado. El problema era que la propia madera -la madera de hierro- era prácticamente indestructible.

Otro problema era la mezcla de napalm. Wang había traído la fórmula equivocada. Intentaron utilizar gasolina de aviación japonesa, pero eso le dio demasiado efecto de fuego. Entonces utilizaron gasolina y aceite de motor japonés con el polvo de napalm, y fue entonces cuando tuvo éxito.

Muchos pilotos de P-47 se sentían incómodos con las misiones de napalm. Dejaban caer sus tanques a baja altura -a veces a menos de cuarenta y cinco pies- y eran vulnerables al fuego de tierra. Tampoco les impresionaba la eficacia de estas "bombas incendiarias" y gran parte de su efecto incendiario se desperdiciaba en un excesivo destello hacia arriba. En aquella época, el napalm tenía un tiempo de combustión notablemente corto: menos de dos minutos.

Durante la campaña de Tinian se utilizaron ciento cuarenta y siete bombas incendiarias. Noventa y una de ellas contenían la mezcla de napalm. Aunque fueron muy eficaces en la limpieza de los campos de caña, el general Cates escribió más tarde: "la primera mañana que lo utilizaron, fui a la primera línea y esos aviones llegaron sobre nuestras cabezas a unos cien pies de altura.

"Soltaron sus bombas de napalm justo sobre nuestras cabezas y a menos de 300 metros delante de nosotros. Fue devastador y especialmente para la moral de los japoneses. No me sentía muy cómodo sentado allí. Me imaginé que algunas de ellas podrían caer en corto".

Cada una de esas bombas despejó un área de más de 150 pies y dejó tras de sí cuerpos carbonizados de tropas japonesas en algunos casos. La mayoría de los marines quedaron impresionados, y los comandantes de infantería buscaron napalm para sus tanques lanzallamas.

El napalm también se utilizó ampliamente para apoyar a las tropas de tierra en Filipinas en 1944. En una operación en Luzón, más de 200 aviones de combate saturaron una zona con napalm. Los japoneses, normalmente estoicos, huyeron a la intemperie, convirtiéndose en objetivos fáciles de abatir.

El napalm también se utilizó en el bombardeo de ciudades japonesas y en los esfuerzos previos a la invasión para ablandar las defensas de Iwo Jima. El 31 de enero de 1945, los bombarderos Liberator de la Séptima Fuerza Aérea comenzaron una campaña diurna de dieciséis días. Se lanzaron más de 600 toneladas de bombas y se utilizaron 1.100 bidones de napalm en un esfuerzo inútil por quemar el camuflaje de las posiciones defensivas y los emplazamientos de armas.

Un oficial de inteligencia de los Marines escribió más tarde: "el principal efecto del largo bombardeo de Iwo fue hacer que el enemigo construyera defensas subterráneas más elaboradas."

Ataques Preparatorios

No hubo batallas fáciles en la Guerra del Pacífico. Pero había menos preocupación entre los militares estadounidenses por el resultado de Tinian que en casi cualquier otra operación importante de la guerra. El Almirante Spruance la describió como "una de las operaciones anfibias más brillantemente concebidas y ejecutadas de la guerra". El General Holland Smith la calificó de "operación anfibia perfecta".

Este asalto tuvo lugar en condiciones óptimas de éxito. La pequeña guarnición japonesa de la isla no tenía ninguna esperanza de reabastecimiento, socorro, victoria o huida. A sólo tres millas de distancia y al otro lado del estrecho canal de Saipán se encontraban tres divisiones estadounidenses veteranas y probadas en combate -50.000 hombres- preparadas para la inevitable invasión. Después de un bombardeo de siete semanas desde el mar, el aire y los grandes cañones de Saipán, Tinian había sido bombardeada implacablemente día y noche.

El General de los marines James Underhill, que más tarde se convirtió en el comandante militar de la isla al final de la batalla, escribió: "El estado de esta gente era indescriptible. No tenían más posesiones que los trapos que llevaban a la espalda". Después de dos meses de intensos bombardeos, muchos sufrían de neurosis de guerra. Habían vivido sólo con escasas raciones durante seis semanas y desde hacía una semana no tenían nada que comer.

"Llevaban una semana sin suministro de agua y sólo tenían el agua de lluvia que podían recoger en cuencos y latas. Cientos de ellos estaban heridos, y algunos estaban gangrenados. La sífilis, la disentería, la neumonía y la tuberculosis eran comunes. Necesitaban comida, agua, refugio, atención médica y saneamiento".

El 11 de junio, el bombardeo comenzó cuatro días después de la invasión de Saipán, cuando los aviones de portaaviones de la Fuerza de Tarea 58 lanzaron un bombardeo de tres días sobre las principales Islas Marianas. Después de un barrido con cazas el primer día, 225 Grumman Hellcat destruyeron 150 aviones japoneses, el control de Estados Unidos sobre los cielos de las islas estaba asegurado.

Después de la incursión, un soldado japonés de la guarnición en Saipán escribió en su diario: "durante más de dos horas los aviones se desbocaron. Finalmente se marcharon tranquilamente en medio del impreciso fuego antiaéreo. Todo lo que podíamos hacer era observar impotentes y morir".

Durante los dos días siguientes, los bombarderos atacaron las islas de la zona de navegación sin descanso. Los acorazados de la Fuerza de Tarea 58 se unieron al bombardeo desde larga distancia el 13 de junio. Sus disparos se consideraron más tarde ineficaces y se dirigieron a objetivos blandos en lugar de a las posiciones ocultas de los cañones que rodeaban la isla.

Durante las siguientes seis semanas, el esfuerzo por destruir las defensas de Tinian se intensificó. La Fuerza de Tarea 52 de la Marina, el 18 de junio, añadió su potencia de fuego a la misión. Se ordenaron más ataques aéreos con aviones desde portaaviones y los P-47 del ejército. A partir del 28 de junio y hasta el Día Jig el 24 de julio, batallones de artillería en masa atacaron desde la costa sur de Saipán vertieron miles de toneladas de artillería sobre la isla. Para el 15 de julio, trece batallones participaban en la misión, disparando un total de 160 cañones de 105 mm y 155 mm a todas horas.

Aunque nunca se conocerá el efecto exacto del asalto de artillería a Saipán, un joven mayor de la época que servía como oficial de operaciones en el 4º de Marines durante la campaña de Tinian escribió más tarde: "Recuerdo haber pasado junto a una de las tripulaciones de ametralladoras japonesas. Habían intentado llegar a una posición de tiro y fueron sorprendidos por la descarga de artillería. Estaban dispuestos como una 'solución escolar'. Cada hombre llevaba su propia porción particular del equipo de ametralladoras. Y ahí fue donde murieron".

Durante las dos semanas que van del 26 de junio al 9 de julio, los cruceros *Birmingham*, *Montpelier* y el *Indianápolis* atacaron diariamente las islas. Su fuego fue complementado por los acorazados *Tennessee*, *Colorado* y *California*. A ellos se unieron los cruceros *Cleveland*, *New Orleans* y *Louisville*, y dieciséis destructores, además de docenas de otros buques de apoyo. Dispararon diversas municiones que iban desde las andanadas de 40 mm y cohetes hasta el fósforo blanco dirigido a las zonas de madera alrededor del puesto de mando japonés en el Monte Lasso.

Reconocimiento Aéreo

Antes de la invasión de Tinian, se llevó a cabo un reconocimiento aéreo intenso. Las primeras fotografías aéreas de 1944 se obtuvieron en febrero, cuando los aviones de los portaaviones estadounidenses atacaron Saipán. En abril y mayo se obtuvieron más con aviones fotográficos con base en Eniwetok. Estas primeras fotografías eran escasas y de poca utilidad para los planificadores de la invasión. La calidad era mala y muchas se tomaron en ángulos que distorsionaban el terreno.

Estos problemas obstaculizaron a los planificadores de Saipán, pero en Tinian, la historia era otra. Quizás ninguna otra isla del Pacífico se había familiarizado tanto con las fuerzas de asalto gracias a una fotografía y una cartografía totalmente completas antes del desembarco.

Gran parte de la familiarización provino de la observación de primera mano por parte de los comandantes de batallones, divisiones y regimientos que utilizaron aviones de observación para realizar su propio reconocimiento de las playas de Tinian y del terreno interior.

El coronel Justice M. Chambers, comandante del 3/25 de Marines, escribió más tarde sobre su visita a la isla antes de la invasión: "Un aviador naval llamado Teniente Comandante Muller había enviado un montón de órdenes itinerantes. Trajo su dotación de tres Liberators a Saipán. Pensé que era una buena idea llevar a los comandantes de mi compañía y sobrevolar las playas que íbamos a utilizar. Así que el grupo del 3er Batallón tomó el vuelo y muchos otros batallones siguieron su ejemplo.

"Despegamos de Saipán y, por supuesto, en el momento en que estás en el aire, estás justo sobre Tinian. Lo hablé con Muller y le dije que la última playa que sobrevoláramos sería la que íbamos a atacar. Le dije, 'vamos a echar un vistazo a algunas de las otras playas primero y luego a volar por el interior'. Después hicimos pasajes sobre varias de las playas. Me puse en una ventanilla donde podía ver a mis oficiales. Teníamos las bahías de bombas abiertas y mirábamos hacia abajo. Después de volar durante veinte minutos, hicimos un gran bucle y luego volvimos sobre las playas donde íbamos a aterrizar. Me alegro de que lo hiciéramos porque detectamos minas en el agua que los equipos UDT de la Marina eliminaron posteriormente.

"Nos acercamos al Monte Lasso, la única montaña de Tinian. Esta isla era sólo un gran campo de caña, y el Monte Lasso estaba directamente delante de nuestras playas. Muller arrancó y vi cosas blancas que pasaban por el exterior de nuestro avión. Luché por mantener el estómago bajo porque un ascenso rápido era demasiado para mí. Pregunté, '¿qué es eso?'

"Mueller dijo, 'veinte milímetros'. ¿Dónde quieres ir ahora?'

"'Saipan. No hay trincheras aquí arriba', dije".

La cobertura fotográfica de Tinian, junto con los documentos, los prisioneros capturados en Saipan y otros datos de inteligencia, permitieron a las fuerzas estadounidenses familiarizarse con la fuerza japonesa en Tinian como con el Coronel Ogata.

Los Héroes de Tinian

El soldado raso de primera clase Robert Lee Wilson nació el 21 de mayo de 1920 y creció en la granja de sus padres junto a siete hermanos. Se enlistó en el Cuerpo de Marines en el otoño de 1941 y sirvió en el 2do Batallón, 6to de la Infantería de Marina, la 2da División de la Infantería de Marina durante la acción contra las fuerzas enemigas japonesas en la isla de Tinian el 4 de agosto de 1944.

Como uno en un grupo de marines avanzando a través de la densa maleza para neutralizar puntos aislados de resistencia, el soldado de primera clase Wilson avanzó por delante de sus compañeros hacia un montón de rocas donde supuestamente se escondían las tropas japonesas. Estaba plenamente consciente del peligro que entrañaba. Se movió hacia adelante mientras el resto del escuadrón armado con rifles automáticos se cerró en la parte trasera. Una granada enemiga aterrizó en medio del grupo. El soldado de primera clase Wilson gritó una advertencia a los hombres y sin vacilar se arrojó sobre la granada, sacrificando heroicamente su propia vida para que otros pudieran vivir y cumplir la misión. Fue galardonado con la Medalla de Honor por su valor excepcional, lealtad valiente y devoción inquebrantable al deber frente a un gran peligro.

EL SOLDADO JOSEPH W. Ozbourn estuvo en Herrin, Illinois en 1919. Se alistó en el Cuerpo de Marines el 30 de octubre de 1943 y sirvió con el 1er Batallón, 23er Marines, en la 4ta División de la Infantería de Marina, durante la batalla contra el enemigo en la isla de Tinian el 30 de julio, 1944.

El soldado Ozbourn era miembro de un pelotón al que se le asignó la misión de sacar a las tropas japonesas restantes de los refugios y fortines a lo largo de la línea de árboles. El soldado Ozbourn estaba flanqueado por dos hombres y avanzaba para lanzar una granada de mano a un refugio cuando una tremenda explosión desde la entrada hirió a los cuatro hombres ya él mismo. Incapaz de lanzar la granada al refugio y sin lugar para lanzarla sin poner en peligro a sus compañeros. El soldado Ozbourn sin vacilar tomó la granada cerca de su cuerpo y se arrojó sobre ella, sacrificando su propia vida para absorber todo el impacto de la explosión, salvando a sus camaradas. Por su lealtad inquebrantable y su gran valor personal al dar galantemente su vida por su país, el soldado Ozbourn también recibió la Medalla de Honor.

El destructor USS Ozbourn, nombrado en su honor, fue bautizado por la viuda Ozbourn el 22 de diciembre de 1945 y fue lanzado desde Boston.

Parte tres

Recaptura de Guam

De Regreso a Guam

Después de un intenso bombardeo de dos horas desde seis acorazados, nueve cruceros y un puñado de destructores martillando las arrugadas y negras colinas, acantilados, arrozales y cuevas ubicadas frente a la flota atacante en el lado oeste de la isla, el día de la liberación comenzó el 21 de Julio de 1944 a las 05:30.

Las llamas brotaban de cañones de 14 pulgadas que arrojaban truenos y disparos. Encendiendo una espectacular flor de fuego en las laderas y campos del interior. El resplandor de los proyectiles de estrellas iluminaba la costa, los barcos y las tropas que se alineaban en los rieles de los LST (barcos de desembarco, tanques), trayendo a los soldados e infantes de marina de regreso a Guam.

El bombardeo diurno se vio reforzado por el bombardeo y ametrallamiento por parte de cazas desde los portaaviones, aviones torpederos y bombarderos para el ablandamiento previo al aterrizaje. El Grupo de Trabajo 58 había volado el aeródromo de Guam desde el 11 de junio, mientras que otros bombardeos habían comenzado ya el 6 de mayo.

Las tropas de asalto marinas cargadas con equipo de combate y bayonetas sobresaliendo de sus mochilas disfrutaron de su tradicional desayuno de los marines antes del desembarco de carne y huevos. Los altavoces repicaron: "Ahora escucha esto. . . Ahora escucha esto". Los comandantes de unidad a bordo de los LST visitaron a sus infantes de marina y revisaron dos veces su equipo. Enderezaron las mochilas, dieron palmadas alentadoras en el hombro y cuadraron las filas de marines que iban bajando a las cubiertas inferiores antes de abordar los LVT (vehículos de aterrizaje, con orugas).

Las tropas a bordo de los transportes de ataque pasaron por encima de la barandilla y bajaron las redes de carga. Cargados con paquetes de cuarenta libras, las armas y más, resistieron por sus vidas. Se subieron a sus LCVP (lanchas de desembarco, vehículos, personal) o los botes de Higgin. Si todo iba según lo planeado, esas tropas se trasladarían de la lancha de desembarco a los LVT en el borde del arrecife.

Los aviones rugieron en lo alto. Los cañones de la Armada tronaron emitiendo un ruido de fondo ensordecedor. La voz del Mayor General Roy Geiger, Comandante del III Cuerpo Anfibio, retumbó: "Ha sido un honor. La nación te observa ir a la batalla para liberar este antiguo bastión estadounidense de las manos enemigas. El honor que se te ha otorgado es una señal. Que las gloriosas tradiciones del espíritu de cuerpo del Cuerpo de Marines te lleven a la victoria. Has sido honrado".

A bordo de las cubiertas de pozos abarrotadas de los LST, las tropas subieron a bordo de los LVT. Esperaron en un infierno claustrofóbico hasta que caían las puertas de proa de los LST. Los LVT cargados traquetearon sobre las rampas hacia el oleaje del mar. Los tractores anfibios volaban en círculos cerca de las líneas de partida mientras un sobrevuelo de naves de ataque del *Wasp* ahogaba el zumbido de los motores amtrac, arremolinando nubes de fuego y polvo que oscurecían las playas de desembarco. Cincuenta y tres aviones torpederos, sesenta y cinco bombarderos y ochenta y cinco cazas ejecutaron un barrido con bombardeo y fuego de ametralladoras cortando hierba a lo largo de las playas de desembarco del norte de Agana, en dirección sur hacia el Punto Bangi.

El comandante de la Fuerza de Tarea 53, Almirante Richard Conolly, dijo: "Mi objetivo es que las tropas en tierra se pongan de pie". Conolly se ganó el apodo de "Cercano Conolly" por su insistencia en que los barcos de apoyo de los disparos navales dispararan muy cerca de las playas.

El soldado de primera clase James Helt era un radio operador en la proa de un LVT que se dirigía hacia la orilla. Más tarde escribió sobre cómo se preguntaba si todavía podría haber algo vivo en Guam.

El Coronel Hideyuki Takeda, un oficial de estado mayor de la 29na División defensora, escribió que la isla solo podría defenderse si los estadounidenses no desembarcaban. En su diario, también señaló que el único respiro del bombardeo era una "bebida fuerte".

Los audaces y valientes hombres rana UDT (Underwater Demolition Teams) despejaron todos los obstáculos de la playa para el asalto. El jefe de la Armada, James Chittum, señaló que estos exploradores a menudo estaban lo suficientemente cerca como para atraer fuego de armas pequeñas. Detonaron 650 jaulas de obstáculos de alambre llenas de coral cementado en Asan. En Agat, detonaron un agujero de 200 pies para descargar en el arrecife de coral. Los equipos UDT de la Marina también retiraron la mitad de un pequeño carguero que bloqueaba el canal de asalto. Los exploradores y nadadores dejaron un letrero para esta primera ola de asalto en Asan: "Bienvenidos Marines: USO por aquí".

A las 07.30, se disparó una bengala sobre la flotilla que esperaba. El almirante Conolly ordenó: "Desembarcar la Fuerza de Incursión". La primera oleada de la 3ra División de Infantería de Marina rompió el círculo de LVT que esperaban y formó una línea para cruzar las 2.000 yardas de agua hasta la playa entre Asan y Adelup. A las 08.30, los primeros elementos de la 3ra División de la Infantería de Marina estaban en Guam. Menos de cinco minutos después, las tropas de asalto líderes de la 1ra Brigada Provisional de la Infantería de Marina cruzaron la playa llena de cráteres en Agat, seis millas al sur de la cabeza de playa en Asan-Adelup.

Planificación de la Operación Forager

A finales de 1943, el Estado Mayor Conjunto, decidió avanzar en dirección a la Guerra del Pacífico. Al mando del suroeste del Pacífico, se designó al General MacArthur que se dirigiera al norte a través de Nueva Guinea para recuperar Filipinas. El Almirante Nimitz, Comandante en jefe de la Flota del Pacífico de los Estados Unidos, propuso moverse a través del Pacífico Central para asegurar un control en las Marianas.

El bombardeo estratégico de Japón se originaría en los aeródromos capturados en Guam, Saipan y Tinian. La nueva arma estratégica para los ataques sería el bombardero B-29 con un alcance de 3.000 millas y la capacidad de transportar más de 10.000 libras de bombas. El nombre en clave de esta operación de las Marianas era "Forager". El viaje en el Pacífico central comenzó con las incursiones en Tarawa en noviembre de 1943. Seguido por las incursiones en Roi-Namur, Eniwetok y Kwajalein.

El Almirante Nimitz finalizó sus planes para Guam en 1944. Seleccionó su estructura de mando para la campaña de las Marianas. El Almirante Spruance, que venía de una tremenda victoria en Midway, fue designado Comandante de la Quinta Flota y de toda la Fuerza de Tareas del Pacífico Central. Spruance comandaría todas las unidades involucradas en la Operación Forager.

El Almirante Turner, que había comandado las fuerzas navales en los desembarcos de Guadalcanal, encabezaría la Fuerza de Tarea 51. El almirante Turner también comandaría la fuerza de ataque del norte para la invasión de Saipan y Tinian. El Almirante Connolly, que había comandado las fuerzas de invasión en Roi-Namur en las Islas Marshall, lideraría la fuerza de ataque del sur, la Fuerza de Tarea 53 asignada a Guam.

El General Holland Smith, comandante de la tropa expedicionaria de las Marianas, sería responsable de las tropas del norte y las fuerzas de desembarco en Saipan y Tinian. El General de la infantería de marina Roy Geiger, un aviador que había dirigido la operación de Bougainville, comandaría las tropas del sur y las fuerzas de desembarco del III Cuerpo Anfibio en Guam.

La invasión de Guam se fijó originalmente para el 18 de junio, la 3ra División de la Infantería de Marina, la 1ra Brigada de Infantería de Marina Provisional y la 77ma División de la Infantería del Ejército liderarían el asalto, pero la 3ra y 1ra División de la Infantería de Marina se mantuvieron en reserva flotante hasta el curso de las operaciones en Saipán. se hizo claro. El 77 se mantuvo en Oahu, listo para ser llamado si era necesario.

El almirante Spruance mantuvo las reservas flotantes al sureste de Saipan, fuera del camino de cualquier ataque naval japonés. Una poderosa flota japonesa estaba ansiosa por enfrentarse a la fuerza de invasión estadounidense y descendió sobre las Islas Marianas. Los grupos de portaaviones opuestos lucharon cerca en la batalla del Mar de Filipinas, una de las batallas más críticas de la Guerra del Pacífico. La Armada Imperial Japonesa perdió más de 300 aviones de los 430 lanzados durante el combate. El 19 de junio, el choque se conocería para siempre como "el Gran Tiro al Pavo de las Marianas". Fue una catástrofe para los japoneses y puso fin de una vez por todas a cualquier amenaza aérea o naval enemiga a invadir las Islas Marianas.

La brutal lucha en Saipan finalmente cambió a favor de los marines estadounidenses y los soldados que luchaban contra los japoneses. La Marina de los EE. UU. Estaba ahora lista para dirigir su atención a

Guam, actualmente programada para recibir el bombardeo previo al aterrizaje más completo visto hasta ahora en la Guerra del Pacífico.

Después de semanas en el mar, la 3ra División y la 1ra Brigada tuvieron un descanso y la oportunidad de perder sus piernas en el mar. El convoy Fuerza de Tarea 53 regresó al atolón de Eniwetok, donde una laguna de veinte millas de ancho se convirtió en la base naval de avanzada.

Los infantes de marina dieron la bienvenida al descanso y caminaron por la tierra seca de la isla; incluso hubo cerveza caliente para todos los que estaban en tierra. Los veteranos de la Marina de Nueva Georgia, Eniwetok y Bougainville tuvieron la oportunidad de observar a los soldados de la 77ma División de la Infantería del Ejército que llegaban de Oahu. La reconquista de Guam, denominada Día W, estaba programada para el 21 de julio.

La 3ra División de la Infantería de Marina, al mando del general Allen H. Turnage, había recibido su bautismo de fuego en Bougainville en noviembre de 1943 y pasó los meses restantes en Guadalcanal entrenando y absorbiendo reemplazos de bajas. La 1ra Brigada Provisional de la Infantería de Marina, organizada en Guadalcanal, también era un equipo veterano. Uno de sus regimientos de infantería, el 4º de la Infantería de Marina, se formó a partir de un batallón de incursores disuelto que había luchado en las Islas Salomón. El III Cuerpo Anfibio estaba preparado para desembarcar a más de 53.000 infantes de marina, soldados y marineros.

El general Takashina, al mando de la *29na División de Infantería* japonesa, esperaba el ataque y estaba seguro de que llegaría, pero no sabía desde dónde. La *29na División de Infantería* sirvió en Manchuria hasta que fue enviada a las Marianas en febrero de 1944. Su *18º Regimiento* fue víctima de un submarino estadounidense, el Trout, y perdió 2.237 de sus 3.000 hombres cuando el transporte fue hundido. Se reorganizaron en Saipán y el *18º Regimiento de Infantería* llevó dos batallones de infantería a Guam junto con dos compañías de tanques.

Otro regimiento de la *29*^{na}, guarnecido en Tinian, el *38*^{vo} *de la Infantería*, llegó a Guam en marzo. Otras importantes unidades de defensa japonesas fueron el *10º Regimiento Mixto Independiente* y la *48*^{va} *Brigada Mixta Independiente* formada en Guam en marzo. Con tropas de apoyo, las fuerzas de defensa japonesas contaban con 11.000 hombres. Añádase a estas 5.000 tropas navales de la *54*^{ta} *Fuerza de Guardia Keibitai* y 2.000 aviadores navales reorganizados como infantería para defender la península de Orote.

El General Takashina estaba al mando táctico general de los 18.000 defensores del Ejército y la Armada. Su superior inmediato era el General Obata, que comandaba el *31 Ejército* también en Guam, pero no intencionadamente. Obata quedó atrapado en Guam por el desembarco estadounidense en Saipán después de realizar un viaje de inspección a las Islas Palaos. Dejó la defensa de Guam a Takashina.

Para los japoneses no era ningún secreto que los estadounidenses planeaban asaltar Guam. La invasión de Saipan y el bombardeo de un mes por parte de barcos y aviones dejaron solo las preguntas de cuándo y dónde. Con quince millas de posibles playas de desembarco a lo largo de la costa oeste, los japoneses no podían estar muy equivocados sin importar dónde decidieran defender.

Tokyo Rose dijo que esperaban a los estadounidenses. A bordo del barco, las tropas estadounidenses escucharon su voz agradable y seductora en la radio mientras amenazaba con cosas espantosas que les esperaban a las tropas invasoras. Pero ninguno de sus "fanáticos" estadounidenses la tomó en serio.

El General Kiyoshi Shigematsu, tratando de reforzar la moral de su *48va Brigada Mixta Independiente*, dijo a sus hombres: "el enemigo está demasiado confiado debido a su exitoso aterrizaje en Saipan. Ahora están planeando un ataque imprudente contra Guam. Tenemos una excelente oportunidad de aniquilarlos en las playas".

Hideki Tojo, Primer Ministro de Japón, también tuvo palabras enérgicas para sus comandantes: "El destino de Japón depende del resultado de su operación, inspiren el espíritu de sus oficiales y hombres hasta el final. Continuar destruyendo al enemigo con valentía y persistencia, alivia la ansiedad del emperador ".

Cincuenta años después, un ex teniente japonés escribió sobre la increíble flota de invasión estadounidense en alta mar que había "pavimentado el mar" y recordó lo que pensó el 21 de julio: "este es el día en que moriré".

Día-WEI en el Norte

Las tropas de la 3ra División de la Infantería de Marina incursionaron prácticamente en el regazo del puesto de mando en forma de U del general Takashina. La cueva Puesto de Comando fue tallada en un acantilado de arenisca que dominaba la cabeza de playa de Asan-Adelup. Sus alturas dominantes dominaban las playas hacia donde se dirigían los Marines 3 y 21 para su asalto.

El Día W, el 21 de julio de 1944, comenzó como un hermoso día. Pero pronto se volvió brumoso cuando las violentas nubes de polvo, humo y fuego se precipitaron hacia el cielo. A las 0805 un observador gritó por su micrófono: "Primera ola en la playa". A las 08.33, el mismo hombre confirmó que había comenzado la batalla y anunció: "Tropas en tierra en todas las playas".

El tercer infante de marina se ponchó en el extremo izquierdo de la cabeza de playa de 2.500 yardas hacia la Cresta Bundschu. También conocida como Acantilado Chonito, tenía un terreno alto y difícil que debía tomarse antes de que se pudiera alcanzar la línea de cabeza de playa final o el primer objetivo del aterrizaje. El 21° de la Infantería de Marina fue directamente por el medio. Avanzaron tierra adentro, asegurando la línea de acantilados y defendiéndolos hasta que la división los alcanzó y pudo expandir la cabeza de playa hacia afuera. El 9° de la infantería de marina aterrizó en el flanco derecho cerca del Punto Asan y se movió tierra adentro sobre sembradíos y a través de colinas más bajas y más fáciles de atravesar, pero por encontraron del mismo formidable enemigo apoyado por la línea de cresta.

Los Marines 3/9 recibieron fuego intenso desde el frente y el flanco derecho cerca del Punto Asan y pidieron apoyo a los tanques. Una compañía llegó a la cresta antes que las demás y desequilibró al enemigo, lo que facilitó el avance de los regimientos. El 9° de la Infantería de Marina rompió rápidamente sus objetivos iniciales y tuvo que frenar su avance para no reducir las líneas de la división.

La 21ra de la Infantería de Marina, en un golpe de suerte que luego se denominó increíble, encontró dos desfiladeros sin vigilancia a ambos lados de la zona de acción del regimiento. El 21 subió directamente a los acantilados y formó un puente que cubría ambos desfiladeros. Esto permitió al 2° y 3° Batallón formar un puente que cubría ambos desfiladeros mientras el 1° Batallón barría el área debajo de los acantilados.

El 22° de la infantería de marina aterrizó rápidamente en la playa con sus pesadas armas y equipo. El 3er Batallón se incorporó y disparó al mediodía. Para las 1620, todas las baterías estaban en posición y listas para apoyar la ofensiva. Según el Capitán Austin Gattis del 12° de la Infantería de Marina: "Debemos atribuir el éxito de nuestro regimiento al establecerse tan rápidamente al entrenamiento, porque lo habíamos hecho una y otra vez. Fue una eficiencia aprendida y practicada y siempre le dio una ventaja al 22°".

En el flanco izquierdo, el 3° de la Infantería de Marina se llevó la peor parte de la resistencia enemiga. Hicieron falta intensos disparos de artillería y morteros entrando en las playas, además de avanzar por los terrenos más duros. El fuego de las ametralladoras japonesas con bandas entrelazadas hizo que los accesos a los escarpados acantilados fueran mortales. Los defensores enemigos sabían muy bien cómo usar sus armas. Las tropas japonesas lanzarían granadas por la escarpa hacia los marines. Los francotiradores encontraron protección y refugio en los innumerables pliegues y crestas del terreno irregular. Las cimas de las crestas estaban dispuestas como parapetos de algún castillo medieval de pesadilla. Como si diez soldados japoneses en la parte superior pudieran contener a un centenar de marines debajo.

El teniente japonés Kenichi Itoh escribió en su diario que incluso con un terrible bombardeo se sentía seguro que sus compatriotas podrían aguantar y posiblemente incluso ganar. Más tarde escribió sobre ese día lleno de acontecimientos en julio de 1944, después de la guerra. El teniente Itoh pensó que todo era un mal sueño, y un "absurdo" pensar que sus fuerzas podrían haber resistido ese ataque.

El día W, los Marines 3/3 estaban en el extremo izquierdo de la línea que mira del Punto Adelup. Los infantes de marina tomaron territorio en su zona con el apoyo de tanques y cañones de 75 mm montados sobre semiorugas. Una pequeña nariz que se proyectaba desde la Cresta Chonito detenía el avance del regimiento. La Compañía A, bajo el mando del Capitán Geary Bundschu, logró asegurar un punto de apoyo a menos de 100 yardas del promontorio de la cresta, pero no pudo mantener su posición frente al intenso fuego de ametralladora. El capitán Bundschu solicitó ayudantes y camillas. También solicitó permiso para retirarse, pero su solicitud fue denegada y se le ordenó retener lo que tenía.

Se ordenó que el ataque continuara por la tarde al amparo de un bombardeo masivo de mortero de 81 mm Ninguna compañía del 2° Batallón podía ganar terreno más allá de lo que ya tenía. El *320° Batallón de Infantería Independiente japonés* luchó ferozmente y se mantuvo firme.

Dos horas después, la Compañía A recibió la orden de realizar otro ataque, según un corresponsal de Marine Combat: “Cuando se produjo el ataque a las 17:00, no hubo cambios. Los marines progresaron poco. La Compañía A atacó una y otra vez. Llegaron a la cima, pero no pudieron aguantar. Después de la muerte del capitán Bundschu, su compañía volvió a sus posiciones anteriores".

A lo largo de los días de brutales combates, los infantes de marina intentaron envolver a los japoneses en un movimiento de pinzas utilizando a las compañías A y C. Por orden del regimiento, el asalto comenzó a las 1100, pero al principio no llegó a ninguna parte. La compañía A llegó a la cima, pero fue expulsada. La compañía E avanzó lentamente. Pero después de varias investigaciones sobre la resistencia japonesa, los marines descubrieron que el enemigo se estaba debilitando.

Para las 1900, la Compañía E de los Marines alcanzó la posición más alta por encima de la Compañía A. Los japoneses finalmente se habían retirado. Un nuevo avance de los marines confirmó la retirada del enemigo.

Día-W en el Sur

En el sur, cerca de Agat, a pesar de ser un terreno favorable para el ataque, la 1ra Brigada, dirigida por el General Lemuel C. Shepherd, encontró una intensa resistencia enemiga en la cabeza de playa. Mucho más que la 3ra División que se encuentra en las playas del norte. El fuego de ametralladoras y armas pequeñas japonesas, junto con dos cañones de 75 mm de un fortín de hormigón con un techo de cuatro pies de espesor, recibieron a los marines invasores mientras los LVT llegaban a tierra.

El fortín estaba bien camuflado y no se había detectado antes del aterrizaje como un objetivo de bombardeo. Como resultado, los cañones japoneses noquearon a veinticuatro amtracs que transportaban elementos del 22° de Infantería de Marina. Las primeras horas de las fuerzas de asalto del Día W en las playas del sur plantearon un problema importante.

El asalto de Agat recibió el mismo estruendoso apoyo de disparos navales, que interrumpió y sacudió el suelo antes de los desembarcos en las playas del norte. Cuando la ola de asalto de la 1ra Brigada estaba a menos de mil metros de la playa, cientos de cohetes de 4.5 pulgadas de LCI (G) s (Landing Craft Infantry, Gunboat) se estrellaron contra la playa.

Si bien los LCVP, LVT y DUKW (camiones anfibios) todavía estaban en alta mar, prácticamente no hubo fuego enemigo desde la playa. Los aviones de observación de artillería informaron que no se observó fuego enemigo. Los defensores responderían a su debido momento. Debido a que se perdieron tantos amtracs a medida que las olas de asalto se acercaban a las playas, más tarde en el día no habría suficientes LVT disponibles para transferir hombres y suministros de los barcos a los amtracs en el arrecife de Agat. La escasez de tractores anfibios plagaría a la brigada durante días.

La precisión de los cañones japoneses causó graves daños a las embarcaciones de carga y de asalto en la playa. Esto se convirtió en una preocupación real para el General Shepherd. La mayoría de los soldados y algunos de los infantes de marina que llegaron después de las primeras olas de asalto llegaron a la orilla con los paquetes llenos y sumergidos en el agua hasta la cintura. Se enfrentaron al peligro tanto de los agujeros de los proyectiles submarinos como del fuego enemigo. Para cuando entró el grueso de la 77ma División, estas amenazas gemelas no eran tan grandes porque los marines en tierra estaban dispersos y podían mantener ocupados a los japoneses.

Los defensores japoneses prepararon bien sus defensas: búnkeres de paredes gruesas y fortines más pequeños. En el Punto Gaan había cañones de 75 mm en medio de las playas del desembarco. El fuego cruzado de Gaan, coordinado con las ametralladoras en la cercana isla de Yona, arrasó las playas asignadas al 4º de la Infantería de Marina. El 4° tenía la tarea de establecer una cabeza de playa y proteger el flanco más al sur.

Después de una feroz lucha, el 4º de la Infantería de Marina avanzó a terreno bajo y despejó Bangi Point, donde las paredes del búnker podían resistir una ronda de acorazado. El 4º de la Infantería de Marina colocó un control de carretera en la carretera Harmon que bajaba desde las montañas a Agat. Las operaciones anteriores habían enseñado a los marines que los japoneses recuperarían fuerzas por la noche.

Después de que los marines desembarcaron, encontraron un excelente sistema de trincheras japonés en las playas, sin personal, pero en excelente estado. Si bien el bombardeo previo al aterrizaje había hecho retroceder a muchos defensores a sus agujeros, dispararon fuego de ametralladora pesada y fuego de mortero sobre los invasores. La planificación previa a la invasión requería que los amtracs de los marines condujeran mil yardas tierra adentro antes de desembarcar. Esa táctica falló debido a una cabeza de playa muy minada y zanjas antitanque junto con otros obstáculos.

Pero los marines atacaron con una fuerza tan abrumadora que se abrieron paso. Y para las 10.30, las fuerzas de asalto estaban a más de mil metros tierra adentro. Ahora, el cuarto batallón de reserva de infantes de marina finalmente había incursionado después de recibir fuego intenso de las fuerzas enemigas emplazadas. Los infantes de marina trabajaron en la limpieza de búnkeres pasados por alto utilizando los tanques ahora desembarcados. Hacia las 1320, el fortín de Punto Gaan fue eliminado, avanzando hacia la retaguardia y disparando a los sorprendidos artilleros enemigos antes de que pudieran ofrecer resistencia. Para entonces, el General Shepherd estaba en la playa y había abierto su puesto de mando.

Los marines del 22° fueron golpeados por una lluvia de armas pequeñas y fuego de mortero cuando arribaron a la playa asignada. Sufrieron grandes pérdidas en equipos y hombres durante los primeros minutos. Según el soldado de primera clase William Dunlap, el amado capellán del batallón al que se le había confiado el dinero del juego de todos para que "lo guardara para su custodia", había sido asesinado. Los marines ni por un minuto consideraron que él era tan mortal como ellos.

Los 1/22 Marines abandonaron su sección de la zona de incursión y avanzaron hasta un pueblo destrozado a través de una brecha donde el batallón condujo hacia el norte y finalmente selló una carretera fuertemente defendida a la península de Orote, que pronto sería el escenario de una gran batalla.

Los marines 2/22 estaban en el centro de la cabeza de playa y se apresuraron a recorrer los 1.000 metros tierra adentro desde la playa. El batallón podría haber logrado una de sus metas del Día W de asegurar las alturas locales del Monte Alifan, si las bombas estadounidenses no se quedaran cortas y paralizaran su ataque.

El 1er Batallón se trasladó a las ruinas de Agat y las aseguró a las 1020. Si bien todavía había una resistencia menor de armas pequeñas entre los escombros, a las 1130 el batallón también estaba en Harmon Road que conduce al hombro norte del Monte Alifan. Mientras los marines avanzaban, los proyectiles japoneses impactaron en el puesto de socorro del batallón, hiriendo y matando a varios miembros del equipo médico y destruyendo los suministros. No fue hasta más tarde esa tarde que el 1er Batallón finalmente recibió a otro médico.

En el flanco derecho de las olas de desembarco, los 1/4 de infantería de marina se adentraron de frente en la colina 40 cerca del Punto Bangi, que había sido completamente golpeada por la Armada. La inesperada y feroz defensa en la colina 40 demostró que los japoneses reconocieron su importancia, al mando de las playas donde desembarcaron tropas y suministros. Se necesitaron tanques y el apoyo del 3er Batallón para asegurar esa posición.

Los marines 2/22, antes del anochecer del Día W, pudieron ver al 4° de marines desde el otro lado de un profundo barranco. El 4° sostenía una línea delgada y retorcida que se extendía más de 1,500 yardas desde la playa hasta Harmon Road, mientras que el 22° de Marines mantenía el resto de la playa a 5.000 yardas de largo y 1.500 yardas de profundidad. El general Shepherd se lo resumió al general Geiger al anochecer del Día W: "bajas alrededor de 350. Escasez crítica de combustible y municiones de todo tipo. Enemigo desconocido. Creo que podemos manejarlo. Continuará como estaba planeado mañana".

Las tropas de apoyo ayudaron a garantizar que los infantes de marina pudieran permanecer en tierra una vez que incursionaran. Las tropas de apoyo lucharon desde el amanecer, tratando de gestionar el flujo de suministros vitales a las playas. A medida que se acercaba la oscuridad del Día W, una unidad negra, la 4ta Compañía de Municiones, custodiaba el depósito de municiones de la brigada en tierra. Durante una noche de insomnio, estos marines negros estadounidenses mataron a catorce saboteadores enemigos que se infiltraban en el depósito de municiones.

Las malas comunicaciones demoraron varias horas la orden de incursionar al equipo de Combate del 305° Regimiento del Ejército. Estaban programados para una incursión por la mañana, pero no había amtracs disponibles, y los soldados tuvieron que vadear desde el arrecife. Algunos soldados se deslizaron bajo el agua en los agujeros de los obuses y tuvieron que nadar para salvar sus vidas durante la marea alta. Cuando el resto del 305° llegó a la playa, estaban todos empapados y algunos mareados.

El Contrataque Japonés

El Coronel Suenaga comandaba el 38º Regimiento desde su puesto de mando en el monte Alifan. Vio a los estadounidenses abrumar a sus fuerzas abajo. Desesperado por contraatacar, llamó al General Takashina y le pidió permiso para un asalto total para hacer retroceder a los marines al mar. Ya había ordenado a las unidades restantes que se reunieran para un contraataque. Takashina no se mostró receptiva al principio. Dijo que las pérdidas serían demasiado elevadas y que el 38º Regimiento serviría mejor defendiendo el terreno elevado y hostigando el avance estadounidense.

Takashina finalmente dio su permiso y ordenó a los sobrevivientes que se retiraran al Monte Alifan si el ataque fallaba, lo cual estaba seguro de que sucedería. El Coronel Suenaga debió compartir el pesimismo del General porque quemó los colores de su regimiento para evitar su captura antes del contraataque.

El punto focal del ataque japonés vino desde el sur en la Colina 40. La peor parte de la lucha recaería en los 3/4 de Infantería de Marina. Un batallón de japoneses todavía en su mayoría intactos del 38º Regimiento llegó al norte desde posiciones de reserva.

La Compañía K del teniente "Tormentoso" Sexton se enfrentó a la peor parte del asalto japonés. La Compañía K apenas aguantó. Sexton escribió más tarde sobre la lucha de esa noche: "si los japoneses hubieran podido capturar la Colina 40, nos habrían pateado el culo en las playas de Agat".

Los japoneses hicieron que 750 soldados atacaran a la Compañía K a las 21.15 h, con un ataque principal proveniente de la izquierda o del este de la colina 40.

Según el teniente Sexton: “Encontraron un hueco en nuestras líneas e invadieron y tomaron la ametralladora que cubría el hueco. Los japoneses se abrieron paso y avanzaron hacia las playas. Algunos elementos giraron a la izquierda en la colina 40 y atacaron a la Compañía K por la retaguardia. Luchamos contra ellos toda la noche con nuestros 200 hombres de la colina 40 y una pequeña colina en la parte trasera y noreste. A la luz del día, los marines contraatacaron con dos escuadrones y dos tanques cerrando la brecha. Muchos de nuestros hombres de la Compañía K murieron esa noche. Los 750 soldados japoneses fueron destruidos. Esa colina simbolizaba toda la reñida victoria estadounidense en Guam.

“A lo largo del resto del frente de la Infantería de Marina y las áreas de reserva, la lucha fue intensa y encarnizada mientras el resto del 38° atacaba. El Coronel Suenaga instó a sus tropas a atacar una y otra vez. A la luz de nuestras bengalas, vi cómo eran abatidos por el fuego de una ametralladora. El general Shepherd no era un novato en las tácticas japonesas. Él esperaba ese ataque y estaba listo para ellos.

“Las patrullas de reconocimiento japonesas eran numerosas y alrededor de las 21:30 intentaron atraer nuestro fuego y determinar nuestras posiciones. Suenaga estaba frente a la estocada central, que comenzó a las 23.15 horas después de una ráfaga de mortero en el flanco derecho del 4° de Infantería de Marina. El enemigo avanzó con toda su fuerza, cargando con rifles cargados a babor, gritando y lanzando granadas. Los marines acechaban en las sombras oscuras y se movían por el horizonte bajo la luz de las bengalas de los barcos. Los marines alinearon granadas de mano, esperaron, observaron y luego reaccionaron.

“Los japoneses estaban por todas partes tratando de disparar a los marines en sus trincheras. Incluso llegaron a las posiciones de los obuses de la manada en la parte trasera de las líneas del frente. Lo mismo ocurrió con el 22° de la Infantería de Marina. Toda una compañía de japoneses se acercó al puesto de mando del regimiento. La defensa estuvo en gran parte en manos de un pelotón de reconocimiento liderado por el teniente Dennis Chávez, quien mató a cinco japoneses a quemarropa con una ametralladora Thompson.

"Seis tanques enemigos avanzaban pesadamente por la Carretera Harmon. Fueron recibidos por hombres armados con bazucas. El soldado de primera clase Bruno Oribiletti noqueó a los dos primeros tanques enemigos antes de que la Compañía de Tanques Sherman de la 4ª de los marines acabaran con el resto. Oribiletti fue asesinado, pero recibió póstumamente la Cruz de la Marina por su valentía.

"Las tropas enemigas del 38° también se tropezaron con el perímetro de la recién llegada 305° de Infantería y pagaron por ello con sus vidas".

Después de una noche y un día de furiosa batalla, el 38° dejó de existir. El Coronel Suenaga, herido en el contraataque de la primera noche, siguió golpeando a los marines hasta que también fue abatido. Takashina ordenó a los restos destrozados del regimiento del norte que se unieran a las reservas que necesitaría para defender el terreno elevado alrededor de la Cresta Fonte sobre la cabeza de playa. Aquí, el general dejaría que sus tropas se las arreglaran por sí mismas.

Batalla de la Cresta Fonte

Luego de dos días de feroces combates en el flanco izquierdo de la cabeza de playa de la 3ra División de los Marines, en un área ahora conocida como la Cresta Bundschu, los Marines sufrieron 613 bajas.

El 21° de la Infantería de Marina, en el centro, retrasó su avance el 22 de julio hasta que el 3° pudiera alcanzarlos. Los marines en posiciones de crestas expuestas estaban siendo golpeados por el fuego de mortero japonés. El bombardeo fue tan intenso que el Coronel Arthur H. Butler, a cargo del regimiento, llamó a la reserva de la división para reemplazar al 1er Batallón por el 2do

El 9° de la infantería de marina encontró poca resistencia mientras invadía varias posiciones japonesas abandonadas en su camino hacia las costas del puerto de Apra. El 3er Batallón, con el apoyo de disparos y bombas navales, asaltó la isla Cabras. Los marines que aterrizaron en LVT encontraron cientos de minas escondidas en densas zarzas.

El general Turnage evaluó la situación el 22 de julio y escribió: "La resistencia japonesa aumentó considerablemente hoy a la izquierda y el centro de la división. Todo el equipo de combate del 3er Batallón estaba comprometido con un ataque continuo desde la incursión. El 21° equipo de combate [CT] ha sido relevado por la reserva de la división. El primero está agotado en un cuarenta por ciento. Cualquier avance adicional continuará reduciendo nuestras líneas. Ahora es evidente que se necesita un equipo de combate adicional. El 9 está totalmente comprometido con la captura de Cabras y Piti. Recomiendo urgentemente que se agregue un equipo de combate adicional a esta división lo antes posible".

A Turnage se le negó el equipo de combate adicional que recomendó. La noche W + 1 fue bastante tranquila en el sector de la 3ra División. Excepto por los Marines 1/21, que rechazaron un contraataque japonés completo con un bombardeo de morteros, seguido de una carga de bayoneta.

El comandante del III Cuerpo Anfibio, el general Geiger, sabía que la mayoría de las tropas japonesas aún habían sido encontradas. Le dijo a la 3ra División: "Se necesitaba establecer un contacto cercano entre las unidades adyacentes al final de la tarde y mantenerse durante toda la noche".

A pesar de las órdenes de cerrar brechas y mantener el contacto, la 3ra División estaba demasiado dispersa para aguantar. Cuando se detuvieron para pasar la noche, se dieron cuenta de que la distancia entre las unidades se había ensanchado. Al caer la noche, las tropas de primera línea mantuvieron puntos fuertes con espacios entre ellos cubiertos por bandas de fuego entrelazadas.

El 3ro de la Infantería de Marina alcanzó el terreno elevado de la Cresta Bundschu el día 23. Cazaron a los enemigos restantes rezagados. El enemigo se había retirado del área inmediata pero no había ido muy lejos. Cuando las patrullas de la 21ra de la Infantería de Marina intentaron unirse con las del 3ro de la Infantería de Marina, fueron rechazadas por el fuego de las ametralladoras hábilmente ocultas. Casi imposible de detectar en los barrancos subterráneos y cubiertas de rocas. A lo largo de las crestas que sostenían los marines había tramos mortales de terreno abierto que cubría por completo el fuego enemigo desde posiciones más altas.

En la noche del 23, el 9° de la Infantería de Marina avanzó a través de un territorio abierto salpicado de colinas, cada una de las cuales era un posible bastión enemigo. Las patrullas enviadas hacia el sur a lo largo de la costa para contactar con la 1ra Brigada recibieron fuego desde las colinas de su flanco izquierdo. También se encontraron con una concentración de artillería estadounidense y disparos navales dirigidos a los defensores enemigos en Orote. A la patrulla se le permitió retroceder.

El día 24, los Regimientos de Marines 3 y 21 finalmente hicieron contacto en las alturas. Pero la conexión fue una quimera. No había líneas de frente sólidas, solo puntos fuertes. Nadie podía estar seguro de que todos los japoneses habían sido contabilizados. Pero las áreas que habían sido investigadas y atacadas ahora parecían seguras.

Todos los fusileros sabían que mucho de lo mismo les esperaba. Vieron su próximo objetivo en el horizonte al frente, la carretera del Monte Tenjo que cruzaba el terreno elevado, enmarcando la cabeza de playa.

La división ya había sufrido más de 2.000 bajas, la mayoría en unidades de infantería. Los japoneses, que habían perdido tantos hombres, si no más, solo en el norte, no mostraban signos de abandonar su feroz defensa. El General Takashina reunió sus fuerzas para preparar un contraataque total mientras los marines avanzaban hacia su primer objetivo con la Fuerza de Línea de Cabeza de Playa [FBHL], asegurando el terreno elevado y uniendo las dos cabezas de playa.

Takashina había estado llevando a sus tropas de reserva a las escarpadas colinas a lo largo de la carretera del Monte Tenjo desde los desembarcos estadounidenses. Llamó a sus reservas desde posiciones dispersas por toda la isla. Para el 25 de julio, Día W + 4, tenía más de 5.000 hombres, en su mayoría compuestos por el *10º Regimiento Mixto Independiente*, en posición y listos para atacar.

La lucha del 25 fue tan intensa como cualquier otra desde la invasión de los marines. Los 2/9 Marines se unieron al 3er de Marines para traer una unidad relativamente intacta a la pelea y dar a los maltratados del 1/3 Marines la oportunidad de recuperarse. Al anochecer, los Marines 2/9 habían abierto una brecha en las líneas japonesas y tomaron la carretera del Monte Tenjo. Estaban sólo cuatrocientas yardas antes de alcanzar su objetivo en Fonte.

Durante los incesantes tiroteos, el 3° de la Infantería de Marina atacó y quemó su camino a través de las barreras de defensas enemigas en las cuevas. Finalmente se unieron con el 9° de la Infantería de Marina de la izquierda. A las 19:00, la Compañía G del 9° de la Infantería de Marina retrocedió cien yardas para posicionarse adelante de la carretera, lo que les dio una mejor observación y un mejor campo de tiro. La Compañía F alcanzó una prominencia rocosa ocupada a unos ciento cincuenta metros por delante de la Compañía G en el centro, mientras que también retrocedieron para una mejor defensa. El escenario estaba preparado para una batalla campal en la Cresta Fonte. El Capitán Louis Wilson (que se convirtió en el 26 ° Comandante de la Infantería de Marina en 1976) dirigió a la Compañía F en la intensa lucha por la Cresta Fonte en la que hubo bajas en ambos lados por disparos a quemarropa de armas pequeñas.

El Capitán Wilson recibió la Medalla de Honor por su liderazgo, tenacidad y habilidad organizativa bajo fuego. Wilson fue herido tres veces mientras dirigía ataques al núcleo de la acción de Fonte. Parte de su cita dice: "En feroces luchas y encuentros cuerpo a cuerpo, dirigió a sus hombres en una batalla librada furiosamente durante diez horas, mantuvo tenazmente su línea y repelió los contraataques fanáticos de los japoneses hasta que aplastó los últimos esfuerzos del enemigo en apuros".

El Capitán Wilson dirigió y organizó la patrulla de diecisiete hombres que subió la pendiente frente al fuego enemigo continuo, tomando el terreno elevado crítico de Fonte.

El Coronel Frazier West recordó la batalla por la Cresta de Fonte Ridge como enérgica, dura y cerrada. West, un joven oficial, comandó la Compañía G y reforzó la unidad de Wilson. Se unió al flanco de la Compañía F, luego hizo un reconocimiento para detectar posiciones enemigas y compartió la noche en un puesto de mando conjunto con el Capitán Wilson.

A última hora de la tarde del día 25, un pelotón de cuatro tanques de la Compañía C subió por la carretera de Mount Tenjo y se colocó frente a los puntos fuertes japoneses. En el momento culminante de la batalla, las compañías de Wilson y West todavía mantenían sus posiciones. El primer teniente Wilcie O'Bannon, oficial de operaciones de la Compañía F, bajó una ladera de su posición expuesta y trajo dos tanques. Mediante el uso de teléfonos montados en la parte trasera de esos tanques para comunicarse con los marines en el interior, O'Bannon describió los objetivos de los tanques mientras los colocaba para apoyar a los marines de West y Wilson.

Los tanques subieron con la preciosa carga de municiones. Los voluntarios se metieron granadas en los bolsillos y colgaron bandoleras sobre los hombros, guardaron cargadores y llevaron cajas de granadas al hombro para entregarlas como regalos de cumpleaños a lo largo de la línea a las Compañías F y G, y lo que quedaba de la Compañía E.

El Coronel West usó un circuito de radio de tanque para solicitar disparos navales. Esto garantizaba que todo el terreno frente a él estaría iluminado toda la noche por proyectiles de bengalas y disparos navales de alto explosivo.

Al amanecer del 26 de julio, más de 600 japoneses muertos yacían frente a las 2/9 posiciones de los marines. Pero la batalla no había terminado. El General Turnage ordenó que se tomara la cresta de la pendiente inversa. Vendrían más contraataques japoneses, y nuevamente la lucha sería cuerpo a cuerpo. Pero para el 28 de julio, la captura de la Cresta de Fonte ya no estaba en duda. Las compañías E, F y G llevaron sus objetivos a la cima, costando al batallón 242 bajas en cuatro días de muerte.

Los 21° de los Marines no lo tuvieron más fácil el 25. Después de una dura mañana de lucha, pudieron despejar el frente en el centro de la línea. Los Marines 2/21 lidiaron con grupos similares de soldados acérrimos enemigos como los que retuvieron a los Marines 2/9 en Fonte. Ocultos en cuevas sobre la ribera este del río Asan, hasta tierra adentro desde la cabeza de playa.

Los japoneses fueron destruidos solo después de repetidos asaltos de los marines y combates cuerpo a cuerpo. Según la historia oficial de la campaña del Cuerpo de Infantería de Marina: "cada metro de terreno que cayó en manos de los marines se pagó con grandes bajas, y se necesitó a todos los hombres disponibles en el asalto".

El 9° de la Infantería de Marina hizo un buen progreso el día 25 y alcanzó su objetivo en el río Sasa a las 09:15. Está unidad incluso había ganado más terreno de lo planeado. A partir de ahí, el General Turnage reposicionó al 9° de Infantería de Marina para apoyar la lucha en el flanco izquierdo de donde luchaba. El 2° Batallón se retiró de su posición para reforzar al 3° de la Infantería de Marina, y los dos batallones restantes se dispersaron un poco más en su posición.

Un contraataque enemigo decidido, golpeó a los infantes de marina de la 3ra División en la noche del 25 de julio. La intensidad del contraataque japonés fue igual en todo el frente de la 3ra División. No pasó mucho tiempo antes de que las tropas japonesas que deambulaban por la retaguardia se deslizaran hacia los perímetros de los marines y se colaran río abajo hacia los valles y barrancos que conducían a las playas.

El mayor Henry Aplington II estaba al mando de los marines 1/3, la única reserva de la infantería. Sus marines ocuparon posiciones en las colinas de lo que había sido un sector tranquilo. Más tarde escribió: “Fuertes lluvias llegaron cuando oscureció. En la línea, los marines se acurrucaron bajo ponchos en sus trincheras mojadas, tratando de averiguar el significado de la obvia actividad de los japoneses.

"Cerca de la medianoche, los japoneses estaban sondeando las líneas de la 21ra de la Infantería de Marina y se inclinaban hacia las de la 9na de la Infantería de Marina. Todo estaba tranquilo en nuestro círculo de colinas, y no recibimos ninguna notificación cuando el sondeo aumentó su intensidad o a las 0400 cuando el enemigo abrió su ataque. Mi primer indicio llegó hacia las 04:30 cuando mis tres compañías en las colinas abrieron fuego y pidieron apoyo de mortero. Hablé con los comandantes de las compañías y les pregunté qué estaba pasando, sólo para que me informaran que los japoneses estaban a su alrededor. El enemigo estaba cerca. Tres de mis muertos habían sido abatidos por ataques de bayoneta".

El soldado Dale Fetzer, un adiestrador de perros asignado al 1/9 de Marines con su Labrador Retriever negro. Su perro Skipper estaba dormido frente a la trinchera de su adiestrador. De repente, Skipper se levantó como un rayo. Su nariz apuntaba hacia arriba y hacia el Monte Tenjo. El soldado Fetzer gritó: "Llama al teniente. Los japoneses están llegando".

Las tropas japonesas bajaron por las laderas a las 0400 en un furioso ataque banzai. El enemigo había sido visto bebiendo durante la tarde en las colinas más altas y ahora algunos parecían borrachos.

Los del 21° de Marines se encontraban a lo largo de una cresta baja cerca de la carretera del Monte Tenjo. La carga banzai se estrelló contra el 3er Batallón, y el enemigo se apoderó de una posición de ametralladora, rápidamente recuperada por los marines. La 3ra División mantuvo un delgado frente en el flanco derecho de la 21ra de la Infantería de Marina y a la izquierda de la 9na de la Infantería de Marina.

Algunos de los atacantes japoneses consiguieron atravesar la brecha poco poblada entre los batallones. Los japoneses cargaron sin miedo contra la artillería, los tanques y los depósitos de suministros de munición. Su ataque fue disperso y desorganizado. Pero los combates fueron brutales y destrozaron el apresurado bloqueo de los marines entre los batallones.

Algunos atacantes consiguieron atravesar las líneas del frente. Cincuenta tropas enemigas alcanzaron el hospital de la división. Los médicos evacuaron a los heridos graves, pero los heridos de a pie se unieron a los camilleros, cocineros, panaderos y personal sanitario para formar una línea de lucha contra los atacantes. Uno de los heridos a pie, el soldado Michael Ryan, corrió con un pie herido a través del fuego cruzado para unirse a la línea y ayudar a combatir el asalto enemigo.

El Coronel George Van Orden reunió dos compañías del 3er Batallón de Precursores para eliminar esa amenaza. Los precursores de los marines mataron a treinta y tres tropas enemigas en menos de tres horas y sólo perdieron a tres de sus hombres. El 3er Batallón Médico sufrió veinte bajas, pero sólo un paciente murió en el combate.

Para muchos hombres en esta furiosa y confusa melé que se desató sobre las posiciones de los marines, las experiencias del cabo Charles Moore no fueron las únicas. Su equipo mantenía una posición a lo largo de un cuarto de milla de la meseta de Fonte. Más tarde escribió: "Nos instalamos en la carretera en un giro brusco con vistas a un cajón. Era la última posición del segundo pelotón. Esa noche hubo tres ataques, y al tercero ya no quedaba nadie para luchar, así que se abrieron paso. Llegaron en tropel, lanzando granadas de mano y acribillando a algunos de nuestro pelotón. Por la mañana, sólo me quedaban diez cartuchos y la mitad del cargador de mi BAR. Resguardaba esos cartuchos por si los necesitaba para salir. Todo el mundo estaba tranquilo, o bien herido o bien muerto. Los japoneses entraron a sacar sus muertos y heridos a pasos del borde de mi trinchera. Contuve la respiración. Los observé mientras se arremolinaban hasta el amanecer, y luego se fueron".

Con la toma de la Cresta de Fonte, la captura de la cabeza de playa se había completado. La 3ra División luchó valientemente durante toda la sangrienta noche hasta acabar con el decidido enemigo japonés en Guam. Lo que hizo que la lucha por Fonte fuera importante fue el hecho de que el avance hacia el extremo norte de la isla no podía tener lugar hasta que se tomara y mantuviera la Cresta Fonte Ridge.

El ataque del enemigo también fracasó en el sur, aunque a veces fue de tanteo. Sin embargo, los marineros japoneses en Orote estaban tan comprometidos como los soldados en Fonte para expulsar a los aliados de Guam.

La Captura de la Península de Orote

El 22º de los Marines avanzó por la costa desde Agat y libró una serie de brutales batallas contra los tenaces defensores enemigos. La 4ta de la Infantería de Marina ascendió por las laderas del monte Alifan y aseguró el terreno elevado que dominaba la cabeza de playa. El día 25, la brigada se alineó frente a la boca de la península de Orote. Se enfrentaron a formidables defensas japonesas. Los defensores enemigos estaban anclados en pantanos y montículos bajos, ocultos por la espesa maleza, repletos de armas automáticas.

La 77ma División de Infantería se hizo cargo del resto de la cabeza de playa al sur, relevando a la 4ta de los Marines de sus tareas de patrulla en las colinas del oeste. La artillería y los cañones navales machacaron a los japoneses en Orote sin descanso. En caso de un ataque aéreo enemigo, las defensas de la playa desde el Punto Bangi hasta Agat estaban a cargo del 9º Batallón de Defensa. Había pocos aviones japoneses en el cielo, por lo que los artilleros antiaéreos concentraron sus disparos a través del agua en el flanco sur de las posiciones enemigas en Orote.

El 14º Batallón de Defensa en la isla de Cabras se colocó en posición para proporcionar fuego de flanqueo directo a la costa norte de la Península. Estaban preparados para elevar sus cañones y disparar a los aviones enemigos en el cielo.

Al amanecer del 26 de julio, más de 5.000 soldados japoneses en Orote participaron en el desesperado contraataque del General Takashina. Los soldados enemigos salieron del manglar y cargaron con espadas, granadas y fuego de armas pequeñas. Como en el norte, muchos de los atacantes japoneses se habían fortificado con sake. Los oficiales japoneses dirigían a soldados insensatos que atacaban a los tanques de los marines armados únicamente con espadas samurái. También hubo ataques hábiles y mortales. Muchos marines fueron apuñalados y rebanados en sus trincheras.

Al mando de la Compañía L del 22° de Marines, el capitán Robert Frank estaba en el frente transmitiendo las posiciones del enemigo a la artillería de la brigada. Más tarde escribió: "La respuesta de la artillería fue eficaz e intensa. El fuego se acercó a nuestras líneas del frente. Lanzamos más de 25.000 proyectiles contra las agrupaciones de los japoneses entre la medianoche y las 3 de la madrugada. Los ataques banzai a gritos se produjeron a las 1230 y luego de nuevo a las 0145 y 0315. A la luz del día, el terreno fangoso frente a las posiciones de los marines estaba manchado de sangre. Más de 400 cadáveres japoneses estaban esparcidos bajo la lluvia torrencial".

El General Shepherd sabía que sus tropas de primera línea, el 4° de los Marines a la izquierda y el 22° de los Marines a la derecha, podían resistir los ataques banzai de la noche. Ordenó que se lanzara un contraataque a las 07:30. Pero antes, habría otra descarga de artillería.

Al amanecer, se inició el bombardeo con los 105 y 155 de la 77ma División de Infantería, y cualquier otro cañón del que pudieran disponer los 12° de los Marines. Este fue uno de los bombardeos más intensos de la campaña.

El Comandante Charles Davis, de la artillería de la 77ma División, escribió más tarde sobre la petición del General Shepherd de orientar los cañones pesados hacia Orote para ablandar las posiciones japonesas. Los 105 y 155 martillearon las posiciones bien preparadas de los defensores enemigos y destrozaron la protección, la cobertura y el camuflaje de búnkeres y trincheras. Trozos de tropas japonesas colgaban de los árboles. Los marines vieron que este fuego era eficaz y se empeñaron en volver y felicitar a los jefes de sección de la 77ma de Artillería.

Cuando llegó el avance, sólo avanzó cien metros antes de ser atacado por un frente abrasador de ametralladoras y fuego de armas pequeñas. La artillería enemiga cayó furiosamente, dejando a los marines preguntándose si el fuego era de sus propias armas, una táctica favorita de los japoneses. El fuego de retorno japonés estancó el avance de la 22da de los Marines. No fue sino hasta las 08:30 cuando el ataque volvió a ser total, encabezado por los tanques del ejército.

Delante de la 22da de los Marines estaba el manglar donde se había montado el ataque banzai la noche anterior. Todavía fuertemente ocupado por los japoneses, la única manera de penetrar en él era a través de un corredor de 200 metros de largo a lo largo del límite del regimiento cubierto por el fuego japonés. Sólo se podía recorrer cubierto por los tanques. Los artilleros y los comandantes de los blindados dirigieron su fuego justo por encima de la cabeza de los marines que se encontraban tumbados hacia las troneras de los fortines enemigos.

A las 1250, los marines se habían abierto paso a través de los cuellos de botella y habían pasado los manglares, destruyendo búnkeres con lanzallamas y demoliciones. Los batallones de asalto del 4º de Marines siguieron el ritmo de este avance y encontraron un terreno algo más fácil, pero los defensores estaban igual de decididos. Al anochecer, la brigada avanzó 1.100 metros desde su línea de salto. Ambos regimientos estaban cansados y se atrincheraron con una defensa total.

Tras una masiva andanada previa al ataque del día 27, los marines se estancaron de nuevo antes de haber avanzado cien yardas. Los 3/4 de marines se enfrentaron a una cresta bien defendida, a un claro siniestro y a un bosquecillo de cocoteros. Esta cresta estaba cerca de los objetivos tácticamente esenciales del antiguo cuartel de los marines, su campo de tiro y las pistas del aeródromo de Orote. Con un fuerte apoyo de tanques, la 22da de la Infantería de Marina superó los obstáculos iniciales y, a media tarde, alcanzó posiciones que superaban con creces los combates de la mañana.

En el flanco izquierdo, el 4º de Marines se enfrentó a una resistencia más ligera. Estaban dirigidos por tanques que derribaron la maleza. El Coronel Samuel Puller, hermano del famoso coronel "Pechudo" Puller, fue asesinado por un francotirador.

A primera hora de la tarde, los elementos de asalto del 4º de Marines salieron de la arboleda, cerca del campo de tiro. Se vieron bloqueados por las defensas enemigas atrincheradas y los campos de minas. Un oficial japonés salió y blandió su espada contra un tanque. No fue una vista inusual en el clímax de ese compromiso perdido. Eso fue más fácil que un suicidio ritual.

El horror de los cañones americanos debe haber sido demasiado para los defensores enemigos en el frente inmediato. Cortaron y huyeron de sus fuertes y bien defendidas posiciones. A los marines no les importaba por qué corría el enemigo -sólo que corría- y se atrincheraron a menos de 300 metros del preciado objetivo. Esto redujo al enemigo al último cuadrante de la península. Todas sus defensas atrincheradas habían caído. El aeródromo de Orote, los antiguos cuarteles de los marines y la antigua plaza de armas, que no habían visto las botas americanas desde el 10 de diciembre de 1941, fueron reconquistados.

El 28 de julio, el general Shepherd ordenó un bombardeo total de las defensas navales japonesas: un bombardeo naval de treinta minutos, un ataque aéreo de cuarenta y cinco minutos, al que se sumaron los cañones de la brigada, la 77ma División y los batallones antiaéreos que pudieran reunir. A las 08:30, la brigada lanzó un ataque para retomar el aeródromo de Orote.

La 22da de la Infantería de Marina asaltaría los cuarteles, mientras que la 4ta de la Infantería de Marina avanzaría sobre el aeródromo y el campo de tiro. El fuego de mortero y la artillería japoneses habían disminuido, pero las armas pequeñas y las ametralladoras seguían siendo intensas cuando los marines atacaron. Hasta el amargo final, los defensores japoneses evocaron una última obstinación. Se recurrió a los tanques estadounidenses, pero la mayoría tenía problemas de control y visibilidad. Allí donde había un matorral espeso, el enemigo se ocultaba.

El General Shepherd quería que esta batalla terminara. Ordenó un avance masivo de infantería y tanques que asaltó a las 15:30 del día 28. Los japoneses se negaron a abandonar: era luchar o morir. Al anochecer, los objetivos estaban a la vista, pero aún quedaban unos cientos de metros por ganar. Los marines se atrincheraron para pasar la noche y esperaron que los japoneses se sacrificaran en otro contraataque, pero no hubo suerte.

Al día siguiente, el ataque se reanudó. Tras el habitual bombardeo de artillería y los intensos ataques aéreos, los tanques de los marines y del ejército abrieron el camino hacia el aeródromo. La resistencia fue escasa. A primera hora de la tarde, el aeródromo estaba asegurado. La 22da de la Infantería de Marina ocupó lo que quedaba del antiguo cuartel de los Marines. Se recuperó una placa de bronce, que en su día se montó en la entrada del cuartel, pero que ahora se había retirado, y se recuperó para volver a instalarla en una fecha futura.

Los japoneses encontraron este último avance muy difícil de aceptar. Los suicidios fueron aleatorios y muchos soldados enemigos saltaron desde los acantilados, se cortaron la garganta o se abrazaron a granadas explosivas.

El soldado de primera clase George Eftang presenció varios suicidios enemigos y más tarde escribió: "Vi a los japoneses saltar a la muerte. De hecho, sentí pena por ellos. Sabía que tenían familias y amores como cualquier otra persona".

Mientras la península seguía plagada de patrullas, los Generales Geiger, Larson, Shepherd, el Almirante Spruance y otros que pudieron salvarse, participaron en una ceremonia de izado de bandera y en un sentido homenaje a un antiguo cuartel y a los marines que habían conseguido regresar a casa. El General Geiger lo calificó como terreno sagrado y dijo a los reunidos, una guardia de honor de tropas de brigada limpiada a toda prisa: "habéis vengado la pérdida de nuestros camaradas que fueron vencidos por una fuerza numéricamente superior tres días después de Pearl Harbor. Bajo nuestra bandera, esta isla vuelve a estar preparada para cumplir su destino como fortaleza americana en el Pacífico".

Muchos de los marines que participaron en la ceremonia sólo pudieron dar gracias a Dios por seguir vivos. Al final de la ceremonia, los ingenieros se dirigieron al aeródromo y rellenaron muchos de los agujeros de las bombas y los proyectiles. Apenas seis horas después de que el primer buldócer saliera a la pista, un bombardero torpedero de la marina realizó un aterrizaje de emergencia. Poco después, aviones de reconocimiento de artillería ligera volaron con regularidad. La toma de la península de Orote costó a la brigada 874 bajas, con 115 hombres muertos. Los muertos japoneses ascendieron a la asombrosa cifra de 1.633. En Orote, al igual que en Fonte, muchas tropas enemigas seguían sin aparecer y probablemente estaban dispuestas a luchar para impedir la captura de la isla.

Momento Decisivo en Guam

Tras el avance en Fonte y el fracaso del contraataque del General Takashina, las posiciones americanas pudieron consolidarse. La 3ra y la 21ra de la Infantería de Marina reforzaron su control sobre las alturas, mientras que la 9na de la Infantería de Marina avanzó hasta los montes Chachao y Alutom.

Al otro lado de las colinas, en la base del monte Chachao, se encontraba la resistencia más feroz. El Mayor Donald Hubbard, al mando del 3/ 9 de los Marines, pidió apoyo a la artillería y, tras las descargas, los Marines atacaron con bayonetas y granadas. Destruyeron todo lo que se interpuso en su camino. Cuando el combate terminó, el Batallón del Mayor Hubbard contó a más de 130 japoneses muertos. Mientras su fuerza de asalto ascendía por las laderas, los marines divisaron a los hombres de la Compañía A del 305° de Infantería en la cima del monte Tenjo, al oeste. El monte Tenjo había estado inicialmente en la zona de la 3ra División, pero el mando quería que los hombres estuvieran en terreno elevado para poder avanzar por las alturas y no quedar atrapados en los barrancos.

Los muertos japoneses del contraataque fueron 3.200. La destrucción de los oficiales de infantería del General Takashina se estimó en un 96%. El propio Takashina fue asesinado por una ametralladora de un tanque americano mientras urgía a los supervivientes a salir de la posición de Fonte y dirigirse al norte para volver a luchar. Tras la muerte de Takashina, el mando táctico de todas las fuerzas japonesas en Guam fue asumido por el General Obata. Sólo le quedaba un puñado de oficiales superiores para reunir a los defensores japoneses y organizar una unidad cohesionada a partir de los restos destruidos de los batallones.

En la noche del 28 de julio, los defensores de Obata recorrieron a duras penas el camino que llevaba de Ordot a Fonte. Encontraron su camino a la luz de las bengalas americanas. Dos puntos de control del tráfico guiaron a los hombres hacia Barrigada, donde se estaban formando tres compañías de infantería. El General Obata esperaba plenamente que los estadounidenses emprendieran una persecución agresiva el día 29. Obata organizó una fuerza de retardo para retener a los marines hasta que se pudiera realizar la retirada japonesa.

En cambio, el General Geiger decidió descansar a sus cansadas tropas antes de lanzar otro ataque a gran escala hacia el norte. Sus órdenes a las divisiones 3ra y 77ma el 29 de julio fueron eliminar cualquier resistencia japonesa y organizar una línea de defensa y patrullar con fuerza hacia el frente. Al capturar la línea de la cabeza de playa y su crítico terreno elevado, pudieron aniquilar a un gran número de japoneses: por fin se había alcanzado el punto de inflexión en Guam.

Sin embargo, los pocos enemigos que se habían rendido y los capturados estaban heridos, aturdidos o eran incapaces de resistir. Casi todos los enemigos murieron luchando. Incluso cuando sus vidas se perdieron sin propósito ni sentido. Sin embargo, un número considerable de tropas de la 29na División no fueron contabilizadas. Las secciones de inteligencia del general Geiger estimaron que sólo una cuarta parte de las tropas enemigas habían estado en la isla. Necesitaba asegurarse de que su retaguardia estaba a salvo de los ataques antes de perseguir al enemigo hacia el norte. Los prisioneros japoneses capturados, los documentos y los avistamientos desde los aviones le indicaron a Geiger que los japoneses se habían retirado hacia el norte en busca de mejores carreteras. El norte era más denso y tenía una selva más oculta, un mejor terreno para establecer puntos fuertes.

El general Geiger hizo que la 77ma División recorriera la mitad sur de Guam para asegurarse de que su retaguardia no estaba amenazada. Intensificó y repitió las búsquedas que había hecho la brigada. Los soldados, al igual que los marines anteriores, encontraron a los nativos de Guam por todas partes, algunos en granjas y ranchos y otros en campamentos japoneses.

Los nativos se sorprendieron al ver a los estadounidenses tan pronto después del desembarco y sólo informaron de pequeñas bandas de japoneses, generalmente soldados solos. Para Geiger estaba claro que las unidades de combate que quedaban estaban en el norte y no en el sur. Las mejores estimaciones de la fuerza del enemigo eran de unos 6.000 hombres.

El General Obata esperaba una rápida persecución y estableció una fuerte retaguardia para dar tiempo a sus fuerzas en retirada de organizarse. Aunque la victoria ya no era ni siquiera un sueño, los japoneses aún podían extraer un doloroso coste. Geiger trasladó sus tropas a posiciones de ataque a lo ancho de la isla. Se enviaron frecuentes y fuertes patrullas para encontrar rutas a campo traviesa y pistas sobre la fuerza y disposición del enemigo.

El General Obata organizó una defensiva retardada en la ladera sur del monte Barrigada y en el propio pueblecito de Barrigada -sólo veinte casas-. En todos los accesos a las posiciones defensivas finales en la esquina noroeste de la isla, Obata organizó bloqueos en los cruces de caminos y carreteras. Ocultó tropas en la selva para interceptar los caminos que eran la única ruta práctica de aproximación al extremo norte de la isla.

El General Obata se sintió abrumado, como reveló más tarde en sus notas: "la fuerza aérea enemiga busca a nuestras unidades durante las horas de luz del día en la selva y bombardeará y ametrallará incluso a un solo soldado".

Incluso más dañinos que los ataques aéreos fueron los continuos disparos navales y los bombardeos de artillería lanzados contra hombres, armas y trincheras por aviones de observación del Ejército, que patrullaban constantemente por encima.

El Asalto del Norte

El general Geiger conocía la ruta probable de la retirada japonesa. Elaboró una lista de objetivos que tomar de todos los puntos fuertes del enemigo en toda la isla.

El punto de partida para este viaje hacia el norte fue a las 06:30 del 31 de julio. La 3ra División de la Infantería de Marina estaría a la izquierda, la 77ma División de Infantería a la derecha, dividiendo la isla por la mitad. Las zonas marinas incluirían la capital de la isla de Agana, los aeródromos enemigos en Finegayan, Tiyan y la cabeza de playa de la Bahía Tumon.

La 77ma tomó el monte Santa Rosa, el monte Barrigada y Yigo. La 1ra Brigada de Infantería de Marina relevaría a la 77ma en el sur y continuaría patrullando la mitad sur de Guam. A medida que el ataque ganaba impulso hacia el norte y la isla se ensanchaba, el primero se uniría al viaje hacia la costa norte extrema de la isla.

Cuando la 3ra División llegó a Ordot, en el centro de su zona, los Marines 3/21 chocaron contra las tropas enemigas y uno de sus fortines. Los marines destruyeron quince soldados japoneses y dos tanques ligeros con rifles M1 y bazucas.

Los Marines 3/3 tuvieron el honor de liberar Agana. Los fusileros entraron en las ruinas de la ciudad y caminaron con cuidado, midiendo las paredes polvorientas y desnudas de los edificios para los francotiradores. Algunos francotiradores enemigos emergían de detrás de afloramientos de hormigón antes de volver a ocultarse. Los japoneses en Agana eran rezagados, heridos o lo suficientemente tontos como para quedarse. En una de las casas, un infante de marina abrió un armario para revelar a un oficial japonés con una espada en la mano. El infante de marina cerró la puerta de golpe, le disparó con su rifle automático y ni siquiera se molestó en volver a mirar. La majestuosa y hermosa Plaza de España volvió a estar en manos de los estadounidenses menos de veinte minutos después de que los marines ingresaran a la ciudad. Al mediodía, estaba asegurado.

El 3º de la Infantería de Marina avanzó por la carretera Agana-Pago. A las 13:40 alcanzaron al 21° de los marines después de varios enfrentamientos con francotiradores, contra fortines y tanques. Para las 1500, el noveno de la infantería de marina a la derecha de la división estaba al otro lado de la carretera y se había apoderado de la parte restante de la carretera. Era una carretera de superficie dura con dos carriles que cruzaban el istmo de la isla. La carretera Agana-Pago fue fundamental para la liberación de Guam.

Después del histórico rescate de la capital de la isla en Agana, los Marines 3/3 avanzaron con relativa facilidad. Antes del anochecer, el batallón se había apoderado de más de 1.500 yardas de caminos y senderos necesarios para defender los puntos fuertes estratégicos de Barrigada y Finegayan.

El General Turnage se acercó al aeródromo de Tiyan y al pueblo de San Antonio el 1ro de agosto, pero su avance se vio seriamente frenado por las minas. Se necesitaron las manos firmes y la habilidad fría de los zapadores del 25º Batallón de Construcción Naval y del 19º de Ingenieros Marinos para reducir y eliminar esos obstáculos.

Muchos historiadores y quienes estuvieron allí consideran que tomar la carretera Agana-Paco que cruza las islas es un factor importante para garantizar el éxito del avance del norte. Su captura resolvió varios problemas logísticos para la 77ma La división del Ejército no contaba con caminos que se dirigieran al norte y necesitaba desesperadamente un camino para reabastecer a sus tropas mientras bajaban de las colinas y se abrían paso a través de la jungla. Las tropas de primera línea del ejército se estaban quedando sin suministros, especialmente de agua. El General Bruce prometió a sus soldados un desayuno caliente tan pronto como los marines le dieran el camino. No mucho después, los camiones se volvieron más frecuentes en la carretera, incluso mientras los Seabees y los ingenieros la ampliaban y reparaban.

La 77ma se trasladó a la luz del día el 31 de julio. La resistencia enemiga al avance del Ejército fue insignificante. En menos de dos horas, la división del Ejército había asegurado la carretera que cruzaba las islas en sus zonas. También rescataron a más de 3.000 Guameños en el campo de detención japonés en Asinan. Ahora sin resistencia, la 77ma estaba al otro lado del río Pago. Los residentes del área dijeron que los japoneses huyeron a Barrigada, donde la inteligencia esperaba que el enemigo se escondiera. La montaña estaba cubierta por una jungla, de 200 metros de altura, y dominaba el área.

El General Bruce ordenó a la 77ma que capturara a Barrigada. Se mantendrían en contacto con la 3ra División de la Infantería de Marina a la izquierda y atravesarían el pueblo y luego la milla para apoderarse del monte Barrigada. El pueblo era un claro completamente barrido por el fuego de ametralladoras defensivas. En el mismo claro había un pozo muy deseado. Capturarlo significó todo para las tropas sedientas.

El 2 de agosto a las 06:30, el General Bruce envió una docena de tanques del 706° Batallón de Tanques para reconocer el área. Cuando los tanques se volvieron hacia la aldea, los japoneses los recibieron con una oleada de fuego. Los tenaces defensores enemigos resistieron y estaban decididos a evitar que las compañías de asalto los flanquearan. El apoyo de la artillería pesada y los repetidos ataques de tanques lograron solo unos pocos metros a la vez, pero los soldados siguieron avanzando. El 4 de agosto, la 77ma División finalmente tomó la aldea, o lo que quedaba de ella, junto con el precioso pozo.

Los informes capturados y las reuniones con los detenidos dejaron pocas dudas de que el escollo más importante de la 77ma División sería el vigoroso y áspero desierto del monte Santa Rosa. Siete millas arriba al este de Barrigada y cerca del mar en la costa este.

En general, había que aniquilar los puestos enemigos muy equipados que obstruían el camino. Yigo y Finegayan serían atacadas primero. Mientras que cada estación garantizaba una lucha sangrienta y algunos contratiempos, el General Geiger utilizó la 77ma para arrasar Yigo y luego tomar Santa Rosa. La tercera División de Marines tomaría Finegayan y el resto del norte de Guam. Elevó el destacamento del General Shepherd para ayudar en la última ofensiva. Los marines de la 1/22 asegurarían la línea de fuerza y cuidarían a los guameños mientras seguían persiguiendo a los enemigos extraviados en el sur.

Los marines del 1/22 buscaron con fuerza los reductos de los adversarios. Asimismo, llevaron a los guameños desconcertados a mezclas bien dispuestas y dieron seguridad a los individuos que eligieron quedarse en sus casas y trabajar en sus granjas. Para el 2 de agosto, las guardias de los marines se desplazaron hacia la bahía de Talofofo, en la costa sur. Localizaron a otros 2.000 lugareños, realmente asustados por los japoneses, y los guiaron a un recinto que garantizaba el bienestar y una modesta cantidad de solaz. En sus propias áreas privadas y caseras, numerosos guameños podían en todo caso recurrir a este segmento de empresas comunes para obtener seguros, medicamentos, alimentos y refugio. Esta consideración común era indispensable para la ocupación norteamericana, ya que la isla se encontraba bajo la bandera norteamericana.

Durante la noche del 2 de agosto, los duodécimos Marines transmitieron 750 rondas de fuego de barrido y de interdicción en las calles y senderos que la división experimentaría alrededor de Finegayan. Al amanecer, los marines se desplazaron y pasaron por el aeródromo de Tinian. A las 07:00 horas, experimentaron una plaza en el cruce que se dirigía hacia la ciudad de Finegayan. Este paisaje apoyó a los japoneses con los grandes campos de fuego. Después de que la posición del enemigo fue por fin invadida con tanques, el Teniente Coronel Carey Randall dijo que estas protecciones fueron: "las más duras que había visto en Guam".

La lucha por Finegayan fue el último combate importante de la 3ra División en Guam. Los japoneses la convirtieron en una batalla memorable. Una guardia de observación protegida de la 3ra División que se dirigía al Punto Ritidian, en el extremo norte de la isla, se topó con guardias japoneses. El enemigo se había lanzado por los senderos de Finegayan y se estremeció con armas antitanque y cañones apuntando a la guardia. Los estadounidenses resultaron heridos y conmocionados y causaron algún daño a los japoneses, pero abandonaron su objetivo principal y se retiraron.

El adversario estaba nutrido en Finegayan. En un valiente empuje, despacharon dos tanques medianos evitando el paso de la novena de Marines en el cruce 177. Casi intocables por los disparos de los marines, dispararon el espacio y se alejaron. Otra potencia de tanques tronó sobre un torrente de morteros que parecía el inicio de un contraataque. Los cañones de los marines frenaron el esfuerzo del adversario, y los tanques japoneses fueron expulsados, aunque hicieron que volvieran un día más.

La Liberación de Guam

El 4 de agosto, se establecieron nuevas líneas de frente y maniobras para mantener la presión sobre el General Obata y sus resistencias restantes. Durante la tarde, la brigada llegó a su zona de reunión norte, y el General Shepherd estableció su puesto de mando cerca de la pequeña ciudad de San Antonio. En este avance final hacia el norte, la brigada se situaría a la izquierda con su flanco interior a menos de una milla de las playas occidentales. La 3ra División avanzaría por el centro y desplegaría sus unidades en un frente de tres regimientos que giraría hacia el este, abarcando todo el extremo norte de la isla y apoyando a la 77ma División de Infantería.

Los defensores enemigos se enfrentaban a unas probabilidades abrumadoras. Los soldados del General Bruce atacaron el monte Santa Rosa y destruyeron a los japoneses que quedaban. El Ejército tenía prioridad de fuego de apoyo aéreo, artillería de cuerpo y fuego naval.

Los marines también avanzaron para terminar la campaña. La 21ra de la Infantería de Marina avanzaba, mientras que la 9na de la Infantería de Marina seguía corriendo hacia una selva más densa. Era un lío enmarañado en el que los tanques se cruzaban a menos de cuatro metros sin saber dónde estaba el otro. La división aceleró su avance en columnas de batallones. Para el 6 de agosto, habían avanzado más de 5.000 yardas a lo largo del camino hacia el Punto Ritidian. El final de la isla y el final de la batalla por Guam. Esa noche, la 3ª División estableció contacto visual con la 77ma, hasta donde la selva lo permitiera.

Los bombardeos de la Fuerza Aérea del Ejército, la artillería de los Marines y los bombardeos navales llevaban días sobre las zonas enemigas. Los cazas nocturnos también apoyaron el avance. Incluso en la oscuridad, los defensores del enemigo no tenían protección ni respiro. Para el 6 de agosto, la línea defensiva del General Obata a través de Guam estaba destrozada y superada. Sólo quedaban grupos aislados de tropas enemigas en la isla.

Los Comandantes estadounidenses aún no podían decir cuándo terminaría la lucha por Guam. El asalto al monte Santa Rosa comenzó al mediodía del 7 de agosto. Con el estruendo de la artillería y el traqueteo de los tanques, la 77ma tomó Yigo, la puerta de entrada a Santa Rosa, y continuó su maniobra en rueda. Los tanques y la infantería superaron las posiciones de las ametralladoras mientras las excavadoras abrían caminos. En la noche del 7 de agosto, la 77ma estaba atrincherada en posiciones y lista para el ataque final a la montaña. Los contraataques japoneses seguían sin llegar. El rápido avance estadounidense, acompañado de artillería pesada, probablemente detuvo cualquier contraataque enemigo.

El 8 de agosto, la mitad norte del monte Santa Rosa estaba en manos estadounidenses, y las tropas se desplazaron para asegurar el resto de la montaña. A primera hora de la tarde, el Ejército llegó a los acantilados y se asomó al océano. La infantería también había completado un movimiento envolvente al tomar la ladera norte del Monte Santa Rosa.

Se encontraron más de 650 cadáveres del enemigo después de los dos días de batalla. Las estimaciones de las tropas enemigas en Santa Rosa habían sido de hasta 5.000. Esto significaba que un número significativo de tropas enemigas seguía infestando el terreno selvático en toda Guam. Peor aún, varios tanques enemigos estaban en paradero desconocido. Los supervivientes japoneses de la batalla se introdujeron en las líneas de la 9ª Infantería de Marina en el flanco del Ejército y frenaron el avance del regimiento. Los marines, muy atentos, observaron un importante movimiento enemigo en una colina en la zona del Ejército, el puesto de mando del General Obata.

El 3° de Marines de la izquierda avanzó a través de una ligera oposición enemiga. Una barricada de veinte hombres detuvo a los marines, pero fue rápidamente destruida. Después de buscar en un corredor, los marines encontraron los cuerpos de treinta guameños muertos. Habían sido decapitados.

La brigada lo tuvo más fácil en el flanco oeste. Encontraron una ligera resistencia y avanzaron por un camino bastante bueno. El 8 de agosto, la 22da de la Infantería de Marina llegó finalmente al Punto Ritidian, en el extremo norte de las islas. Avanzando por un retorcido sendero de acantilados hasta la playa, los marines se encontraron con unas defensas japonesas poco agresivas, que fueron rápidamente superadas. La 1ra Brigada de Marines tuvo el honor de ser la primera en alcanzar tanto el punto más meridional de la isla como la punta más septentrional de Guam en el Punto Ritidian.

Los marines patrullaron la zona que ocuparon, pero encontraron pocos japoneses. El General Geiger ordenó que se redujera el fuego naval, mientras los P-47 con base en Saipán realizaban sus últimos bombardeos y ametrallamientos sobre el Punto Ritidian. La 22da de la Infantería de Marina recorrió los acantilados y las playas en busca de cuevas enemigas. El 9 de agosto, a las 1800, el General Shepherd declaró que toda la resistencia organizada había sido eliminada en su zona.

Pero no fue tan fácil para la 3ra de Marines. El 9 de agosto, cerca de Tarague, el regimiento fue alcanzado por un ataque de tanques y morteros enemigos. Las granadas antitanque y los cohetes bazuca de los marines estaban mojados y eran ineficaces contra el asalto enemigo. Los soldados japoneses dispararon impunemente antes de esconderse en el bosque. Cuando el Mayor Bill Culpepper, al mando del 2° Batallón, hizo un recuento, observó que sus marines no habían sufrido ni una sola baja.

El 9no de la Infantería de Marina había avanzado hasta el Punto Pati, en el extremo noreste de la isla. La información detallaba que 2.000 soldados japoneses estaban retenidos en Savana Grand, una parcela salvaje con cocoteros y hierba alta cerca de la costa. La orden no quería arriesgarse a ningún contratiempo tan cerca del final de la misión y trajo fuego de cañones -2.275 cartuchos. Los supervivientes japoneses fueron dirigidos y muertos o hechos prisioneros.

Las últimas posiciones americanas se enmarcaron a lo largo de la costa, y al anochecer del 8 de agosto, el 9no de los marines saludaron a los guerreros de la 77ma que le vigilaban al sur.

El General Geiger necesitaba aniquilar la bolsa de tanques adversarios antes de declarar Guam segura. Esto debía estar terminado para el día 10, ya que el almirante Nimitz tenía reservada una visita. A los 2/3 de marines del Comandante Culpepper se les encomendó encontrar y matar el exceso de tanques adversarios. A las 07:30, la unidad de Culpepper y un destacamento de tanques Sherman americanos descubrieron dos tanques medios adversarios que terminaban a 400 metros del camino de los marines. Los Sherman dejaron a sus compañeros como trozos de metal consumiéndose cuando terminaron. Otros siete tanques medios enemigos quedaron abandonados. Los soldados japoneses sobrantes se retiraron a los acantilados y fueron eliminados.

El 10 de agosto a las 11:30, tras escuchar que el exceso de tanques japoneses había sido aniquilado, el General Geiger anunció que toda la oposición coordinada en Guam había terminado. Un día increíble para los guameños: su isla volvía a ser suya.

Este fue además el final para el General Obata. En la mañana del 11 de agosto, cuando el General se dio cuenta de que su campamento base había sido encontrado y que el adversario venía a por él, envió un mensaje al Emperador: "Procedemos a esta lucha frenética. Actualmente sólo tenemos nuestras manos descubiertas para luchar. La posesión de Guam es actualmente deprimente. Nuestros espíritus protegerán la isla en la medida de lo posible. Estoy abrumado de angustia por los grupos de los muchos oficiales y hombres muertos. Pido a Dios por la prosperidad del Imperio".

La 77ma atacó el campamento base de Obata, sostenido por equipos de destrucción y tanques. Los protectores del adversario mataron a siete estadounidenses e hirieron a otros quince antes de ser aniquilados y cubiertos por los escombros de las cavernas y los emplazamientos volados. Todavía no está claro si el General Obata lo terminó todo o fue asesinado en esas últimas horas de la lucha por Guam.

El General Henry Larsen aceptó la orden de Guam el 15 de agosto. Bajo su mando estaban los poderes de la tercera División de Marines para proceder a la limpieza.

Un gasto terrible para los japoneses en Guam fue un total de 10.970 cadáveres. Además, probablemente todavía había 10.000 japoneses más en la isla. Desde el principio, una parte de las salvaguardias adversario luchó en emboscadas organizadas, y algunos mataron a los estadounidenses, sin embargo, pronto el exceso de japoneses buscó sólo alimentos. La mayoría de los demás escaparon cuando tuvieron posibilidades. Los japoneses no tenían cuartel general. Pasaron de la flojedad de los intestinos, hambrientos, resultaron estar demasiado débiles para considerar incluso correr, al final acabaron con sus vidas con el único proyectil valioso que guardaron para ese fin. Las guardias americanas fueron contundentes al matar y capturar a casi ochenta marineros y oficiales japoneses al día. Un par de japoneses que lo intentaban se colaron en las regiones de acopio de alimentos de los marines a la hora del atardecer.

A pesar de las pérdidas en el frente, más de 8.800 japoneses fueron capturados o muertos en Guam entre agosto de 1944 y el final del conflicto en agosto de 1945.

La cruzada de varios días en Guam terminó el 10 de agosto. Las unidades de marines del III Cuerpo Anfibio anunciaron 5.308 heridos y 1.567 hombres muertos en la campaña. Las pérdidas de la 77ma División fueron 843, con 177 combatientes muertos.

Los Marines y el Ejército dirigieron un grupo de ataque intenso en la libertad de Guam. El General Holland Smith aludió a los soldados del General Bruce como "los marines de la 77ma.

Como indicó el Mayor Aplington, comandante de la legión en el 3ro de Marines: "Los uniformes son tan particulares en relación con nuestro punto cruzado y sus guardias de verde oliva, así que no es lo mismo que nosotros. Sin embargo, no hay duda de que la 77ma era una unidad aceptable para tener cerca de nosotros en una batalla, por lo tanto, nos referimos a ellos como la 77ma División de Marines."

El 10 de agosto, en un día de ocupación similar, poco después de que la legión del Comandante Culpepper eliminara el resto de los tanques japoneses. El *Indianápolis* entró en el puerto de Apra con el Comandante de los marines, Almirante Alexander Vandergrift a bordo yendo con el Almirante Nimitz. El 15 de agosto, Nimitz coordinó su mando central avanzado que se estableció en Guam, y desde ese punto coordinó el resto de la Guerra del Pacífico.

En poco tiempo, desde las pistas de aterrizaje de Guam y Tinian, los B-29 impactaron en las islas japonesas. Aunque aún quedaban más duros combates por librar, Peleliu, Iwo Jima y Okinawa, el final del conflicto estaba a poco menos de un año de distancia.

Presencia de los Marines en Guam

La firma del Tratado de París en 1899, tras la guerra hispano-estadounidense, convirtió a Guam y Filipinas en una posesión regional de Estados Unidos.

El 21 de junio de 1898, el teniente primero John "Atractivo Jack" Myers dirigió un grupo de marines en tierra desde el crucero Charleston para aceptar la rendición de las fuerzas españolas. Las autoridades españolas de la época ni siquiera sabían que existía un estado de guerra entre España y Estados Unidos.

Esto dio comienzo a una larga presencia de los marines en Guam. Fernando de Magallanes descubrió esta isla, la más meridional de la cadena de las Marianas, en 1521, pero no fue ocupada hasta 1688, cuando soldados y sacerdotes españoles establecieron una pequeña misión.

Cuando el control de las demás islas Marianas, incluidas Tinian y Saipan, pasó a manos de Japón en 1919, Guam se convirtió en un aislado puesto de avanzada estadounidense de gran intrepidez en una gran mancha de japoneses.

Guam tiene treinta y cinco millas de largo, nueve millas de ancho en su parte más ancha y cuatro en su parte más estrecha. Tiene forma de cacahuete y una temperatura anual de 79 grados Fahrenheit. En la madrugada del 10 de diciembre de 1941, Guam fue capturada por un feroz ataque japonés desde su isla hermana Saipán.

Cuando el capitán George McMillan, gobernador de Guam, se dio cuenta de que no recibiría refuerzos ni ayuda, se rindió a las fuerzas navales japonesas. Una de sus mayores preocupaciones era el destino de los 25.000 guameños que sufrirían si se montaba una fuerte defensa. McMillan creía que la situación era desesperada. Ordenó a los 223 marines de Sumay, en la península de Orote, que depusieran las armas. Incluso después de dar la orden de rendición, los marines sufrieron sesenta y un bajas en dos días de combates y bombardeos.

Perros en la Guerra de Guam

Hacia finales del verano de 1942, el Cuerpo de Marines experimentó con el uso de perros en la guerra. Aunque era nuevo para el Cuerpo, el uso de perros en la guerra no eran una idea nueva. Desde la antigüedad, los perros han servido y apoyado a los combatientes. Los romanos utilizaban pesados mastines con collares blindados para atacar las piernas de sus enemigos, obligándoles a bajar sus escudos.

En Guam, el teniente Bill Putney comandaba el 1er pelotón de perros y era el veterinario de todos los perros de guerra en Guam. Junto con el teniente Bill Taylor, a cargo del 2º Pelotón de Perros, tenían sesenta perros de guerra, noventa adiestradores, dos cuidadores de perros de guerra, tres perreros y diez suboficiales. En total, unos trescientos cincuenta perros de guerra sirvieron en la operación de Guam.

Los adiestradores eran exploradores entrenados y especialistas en perros. Perro y hombre buscaban al enemigo, esperaban su llegada y lo sorprendían en el perímetro de los marines mientras patrullaban. Los perros se utilizaron para encontrar francotiradores, eliminar a los rezagados y buscar búnkeres y cuevas. También se encargaban de los mensajes y protegían las trincheras de los marines como lo harían en las casas particulares. Los perros paseaban, dormían, comían y vivían con sus adiestradores. La presencia de los perros en la línea prometía a los marines una noche de sueño decente. Los perros de guerra alertaban rápidamente a sus adiestradores cuando las tropas enemigas se acercaban.

Al principio de la operación de Guam, varios perros resultaron heridos o muertos por el fuego de las ametralladoras y los morteros. Esta pérdida devastó a los marines. Cuando los perros resultaban heridos, los marines se esforzaban por llevarlos a la retaguardia lo antes posible. En la recaptura de Guam, los perros de guerra sufrieron cuarenta y cinco bajas, con veinticinco perros muertos.

Guam sirvió como zona de concentración para los perros de guerra. El 85% de los perros de guerra del Cuerpo de Marines eran Doberman Pinschers, y el resto eran Pastores Alemanes.

Al final de la Guerra del Pacífico, el Cuerpo de Marines tenía más de 500 perros de guerra. Cuatrocientos noventa perros fueron desprogramados, un proceso que podía durar un año. Luego fueron devueltos a sus dueños o entregados a sus adiestradores. Sólo cuatro perros no pudieron ser devueltos a sus amos porque seguían siendo "incorregibles" y se consideraban demasiado inseguros para llevar una vida civil, incluso después de un amplio reentrenamiento.

La Insignia de la 3ra División de los Marines

La insignia de la 3ra División de los Marines fue adoptada el 25 de agosto de 1943, mientras la división se entrenaba en Guadalcanal para la próxima invasión de Bougainville. La insignia consistía en un Caltrop sobre un escudo triangular de color escarlata con bordes dorados. Históricamente, el caltrop era un arma defensiva medieval utilizada tanto contra la infantería como contra la caballería.

En la guerra de la Edad Media, los defensores esparcían un gran número de caltros por el suelo frente al enemigo que se acercaba. El caltrop de hierro forjado de cuatro puntas estaba diseñado para que, independientemente de la dirección en la que cayera al ser lanzado al suelo, una de las puntas quedara arriba con las otras tres apoyando.

Cuando se utilizaba en la insignia, el caltro representaba a la 3ª División de Marines y el lema pintado en los tambores que llevaban los Marines Continentales en la Revolución Americana: No me pises (Don't Tread on Me).

Pistola Colt M1911A1

Fue el arma estándar de muchos oficiales, suboficiales y especialistas de la Marina que no estaban armados con una carabina M1 o un rifle durante la Segunda Guerra Mundial. Desde 1911, esta pistola había servido bien a sus propietarios, los marines y a otros miembros del servicio armados con ella.

Las primeras pistolas M1911 se entregaron al Cuerpo de Marines en 1912. Poco después, el Cuerpo de Marines utilizó exclusivamente esta pistola. Colt había fabricado más de 55.000 pistolas cuando los EE.UU. entraron en la Primera Guerra Mundial, pero todavía no había suficientes, y algunas unidades de la Fuerza Expedicionaria Americana fueron dotadas con revólveres. Esto hizo que se produjeran más de medio millón de M1911 antes de 1926, cuando la M1911 fue modificada y mejorada como la nueva pistola-M1911A1.

Las nuevas modificaciones dotaron a la pistola de una empuñadura contorneada, un seguro de empuñadura más largo y un gatillo más corto y dentado con emplazamientos más amplios. Durante la Segunda Guerra Mundial se produjeron alrededor de 1,8 millones de las nuevas M1911A1 y otras se actualizaron para cumplir con las nuevas especificaciones.

La Guerra del Pacífico también supuso otros cambios para la pistola. Entre ellos, la modificación del acabado, que pasó del negro azulado brillante habitual a un gris apagado conocido como "parkerización", diseñado para dar a la pistola una superficie más mate y no reflectante. La M1911A1 de la época de la guerra también tenía empuñaduras de plástico a cuadros en lugar de goma moldeada.

Colt no pudo hacer frente a la demanda. Por ello, las siguientes empresas obtuvieron la licencia para producir la M1911A1: Compañía de máquinas de coser Singer, Compañía de Armas Remington y la Compañía Unión de Suiches y Señales, entre otras. La Compañía de Armas Remington superó la producción de Colt durante los años de guerra en más de medio millón de pistolas.

Las Historias de Golpes de Joe

El corresponsal de guerra de los Marines, Cyril O'Brien, escribió este relato sobre la Cresta Chonito después de estar en el campo y haber atestiguado la batalla. Se publicó en los Estados Unidos no mucho después del evento "y siempre después de que las familias fueran notificadas de la muerte o los heridos de los marines mencionados."

24 de julio en Guam: El primer ataque frontal en la escarpada Cresta Chonito se realizó una hora después del desembarco de los marines.

El teniente Jim Gallo dirigía un escuadrón de infantería y estaba a menos de diez metros de la punta de la cresta cuando ésta estalló con fuego de ametralladora. Ante ello, la compañía de marines intentó su primer asalto. La compañía fue repelida antes de llegar a los cuarenta metros.

Durante cincuenta horas, la compañía permaneció sobre la ladera desnuda. Intentaron asaltar los atrincheramientos japoneses a menos de 100 metros. Después de haber sido casi destruidos, los resistentes marines vieron cómo otra compañía tomaba la cresta desde la retaguardia.

Al fracasar la primera acometida, formaron una endeble línea de defensa a menos de cincuenta metros del enemigo. La cobertura era escasa. Los marines sólo tenían mechones de hierba para protegerse. Los japoneses lanzaron granadas por la cresta y dispararon morteros a los marines desde la cima.

El comandante de la compañía dirigió un segundo ataque al amparo del crepúsculo. A medida que los marines se elevaban, el fuego de las ametralladoras les alcanzaba. El comandante y tres marines alcanzaron la cima. Los últimos quince metros eran casi verticales. Los marines se sujetaron a las raíces y clavaron los pies en la tierra blanda para no caer por la pendiente.

El comandante cruzó la cresta, pero nunca regresó. Los tres marines restantes fueron destrozados por el fuego cruzado. Uno se salvó saltando a una trinchera enemiga.

Derrotada de nuevo, la compañía se retiró a un pequeño barranco y permaneció toda la noche. Uno de los marines heridos, con disparos en ambas piernas, suplicó que le dieran morfina. A otro marine le abrieron el muslo con fragmentos de proyectil. Un soldado de primera clase, con la lengua seca e hinchada, intentó susurrar el alcance de un francotirador enemigo.

En la mañana del 22, con sólo un tercio de su número original, la compañía se precipitó de nuevo a la ladera.

El teniente Gallo dirigió el asalto por el flanco izquierdo de la colina, pero fue repelido. El sargento Charles Bomar, de 33 años y procedente de Houston, Texas, y nueve marines más intentaron tomar el terreno derecho de la ladera. Cinco murieron instantáneamente al salir del barranco. Bomar y tres marines llegaron finalmente a la cima de la ladera.

Los japoneses volvieron a lanzar granadas por la pendiente. Una explotó bajo el pecho de un marine cercano, arrancándole la cabeza. Otra granada rebotó en el casco del sargento.

Los marines cargaron contra el atrincheramiento japonés. El sargento Bomar mató a un ametrallador enemigo con la culata de su carabina. El ayudante del artillero hizo estallar una granada contra su cuerpo. La explosión sacó a los marines del agujero y cayeron en las trincheras enemigas desocupadas. Un teniente que acababa de llegar para unirse a ellos recibió un disparo de un francotirador entre los ojos. Bomar se volvió y mató al francotirador con su carabina M1.

Incapaces de mantener sus posiciones, el sargento Bomar y sus marines volvieron al refugio del barranco. Eran todo lo que quedaba de su compañía destrozada. Esperaron durante casi veinticuatro horas hasta que los marines que estaban en lo alto de la cresta notificaran que ya Chonito había sido tomada desde la retaguardia.

Historias como estas se conocían como las historias de "golpes de Joe". Se escribieron para mejorar la moral de los hombres. Muchas historias como esta se imprimían en los periódicos locales y luego se recortaban y se enviaban a las tropas en el Pacífico, que así podían ver que sus esfuerzos eran apreciados en casa.

General Roy Geiger

Roy Geiger y varios otros oficiales generales de la fuerza de invasión de Guam eran veteranos de la Primera Guerra Mundial. Geiger fue uno de los primeros aviadores del Cuerpo de Marines. Fue el quinto marine en convertirse en aviador naval en 1917 y el cuadragésimo noveno del servicio naval en obtener sus alas.

Fue a Francia en julio de ese año y comandó un escuadrón de la 1ra Fuerza de Aviación de los Marines. Después de la Gran Guerra, continuó su formación en la Escuela de Mando del Ejército en Fort Leavenworth en 1924 y luego en la Escuela de Guerra Naval en Newport, Rhode Island, de 1939 a 1941.

En agosto de 1941, se convirtió en el Comandante General de la 1ra Ala Aérea de la Marina y la dirigió en Guadalcanal durante las duras jornadas de septiembre a noviembre de 1942.

A su regreso a Washington en 1943, fue nombrado Director de la Aviación hasta la muerte del General Charles Barnett, cuando fue trasladado al Pacífico para asumir el mando y dirigir los desembarcos en la Bahía Augusta, frente a Bougainville, el 1ro de noviembre de 1943.

Fue el primer aviador de los Marines en dirigir un gran mando terrestre, rebautizado como III Cuerpo Anfibio en abril de 1944.

El General Geiger dirigió esta organización en la liberación de Guam en julio de 1944, luego en Peleliu y después como parte del 10º Ejército en la invasión de Okinawa.

En julio de 1945, al final de la operación de Okinawa, el General Geiger asumió el mando de la Fuerza de Marines de la Flota en Pearl Harbor.

En noviembre de 1946, regresó al cuartel general de los Marines en Washington y falleció en enero del año siguiente.

General Allen Turnage

Comisionado en 1913, Turnage fue enviado a Francia como oficial al mando del 5º Batallón de Ametralladoras de la 5ta Brigada de Marines. Después de servir honorablemente en la Gran Guerra y de regresar a los Estados Unidos, Turnage recibió una gran variedad de tareas en el mar y en el extranjero.

En 1935, se presentó como director de la Escuela Básica en el Astillero Naval de Filadelfia. Cuando comenzó la Segunda Guerra Mundial, dirigió el Campamento Lejeune, en Carolina del Norte, y su centro de entrenamiento. Fue responsable de la organización y el entrenamiento de dos equipos de combate de regimiento destinados al servicio de la 3ra División de Marines.

En septiembre de 1943, fue nombrado comandante de la 3ra División de Marines. El General Turnage dirigió la división en el desembarco en Bougainville y en la reconquista de Guam.

Al final de la guerra, se convirtió en Comandante Adjunto del Cuerpo de Marines. El último destino del General Turnage fue el mando de la Fuerza de Marines de la Flota en Pearl Harbor.

Se retiró en 1948 como General de cuatro estrellas con poco menos de 57 años. Falleció en paz en octubre de 1971.

General Andrew Bruce

Andrew Bruce era natural de Missouri y se graduó en la Texas A&M en 1916. En junio de 1917, fue comisionado como subteniente del Ejército. Su participación en el Cuerpo de Marines se remonta a la Gran Guerra, cuando luchó en Verdún, Francia y en la ofensiva de Aisne-Marne en Soissons. Entró en Alemania con el resto de la 2da División y formó parte de la fuerza de ocupación.

Tras regresar de la Primera Guerra Mundial, fue asignado a una variedad de destinos de mando, de personal y de escuela. Al comienzo de la Segunda Guerra Mundial, el entonces Coronel Bruce dirigió la escuela de destrucción de tanques del ejército en Camp Meade, Maryland.

Bruce asumió el mando de la 77ma División de Infantería en mayo de 1943. La división entró en combate por primera vez junto con la 3ra de los Marines y la 1ra Brigada Provisional de Marines en Guam. Después, desembarcaron en el Golfo de Leyte, en Filipinas, para colaborar con esa operación.

La 77ma División de Infantería del General Bruce volvió a luchar con los Marines desembarcando el 1ro de abril de 1945 en Okinawa. La 77ma División de Bruce y la 1ra División de Marines se unieron una vez más para asaltar las líneas del frente enemigo. El General Bruce se retiró como General de tres estrellas y falleció en paz en 1969.

General Lemuel Shepherd

En su último año en el Instituto Militar de Virginia, Lemuel Shepherd aún no se había graduado cuando fue comisionado en el Cuerpo de Marines para la Gran Guerra. Se embarcó hacia Francia como oficial subalterno de la 4ta Brigada de Marines. Entró en acción durante la guerra. Fue herido dos veces en Belleau Wood. Tras recuperarse de sus heridas, se reincorporó a su regimiento a tiempo para las ofensivas de San Mihiel y Mosa-Argonne.

Shepherd sirvió en el Ejército de Ocupación en Alemania. A su regreso, se convirtió en ayudante del comandante y sirvió en la Casa Blanca.

Durante el periodo de entreguerras, tuvo una mezcla de destinos de personal, escuela y mando. Asumió el mando de la 9na Infantería de Marina en marzo de 1942, llevándola al extranjero como parte de la 3ra División de Marines. Tras su ascenso al rango de bandera en julio de 1943, fue asignado a la 1ra División de Marines como comandante adjunto de la división.

Participó en la Operación Backhander, la operación del Cabo Gloucester. A continuación, asumió el mando de la 1ra Brigada Provisional de Marines en mayo de 1944 y la dirigió en el desembarco y la liberación de Guam.

Después de Guam, el general Shepherd recibió una segunda estrella, asumió el mando de la 6ta División de Marines y participó en los desembarcos de Okinawa.

Shepherd comandó la Fuerza de Marines de la Flota durante los dos primeros años de la Guerra de Corea y luego fue elegido para servir como el 20° Comandante del Cuerpo de Marines.

El General Lemuel Shepherd vivió hasta la avanzada edad de 94 años y falleció en paz en 1990.

General Robert Cushman

Robert Cushman fue un coronel de 29 años, al mando del 2/9 de los Marines en Guam. Se le concedió la Cruz de la Marina por su extraordinario heroísmo durante los meses de julio y agosto de 1944.

Parte de su mención dice: "Se ordenó a su batallón que tomara y mantuviera un punto enemigo vigorosamente defendido y organizado que había estado frenando el avance durante días. El Coronel Cushman repelió muchos contraataques japoneses y dirigió los ataques de su batallón. Se expuso sin miedo al fuego de fusiles, morteros y ametralladoras del enemigo para permanecer en el frente y conocer de primera mano la situación del enemigo.

"Después de tres días de amargos combates, que culminaron con un fuerte contraataque enemigo que hizo retroceder el flanco de su batallón, dirigió un pelotón hacia la brecha, y ubicándolo para la defensa, repelió a las fuerzas enemigas. Su liderazgo inspirador, su devoción al deber y su valor contribuyeron a la destrucción de un batallón japonés y a la derrota de otro".

El 1 de enero de 1972, el General Cushman se convirtió en el 25° Comandante del Cuerpo de Marines. Cuatro años más tarde, Cushman se retiró y el General Louis Wilson, que comandó una compañía de los Marines 2/9 de Cushman en Guam, se convirtió en el 26° Comandante del Cuerpo de Marines.

Los Héroes en Guam

Cuando el capitán Louis Wilson sirvió como oficial al mando de una compañía de fusileros adscrita al 2/9 de Marines en Fonte Hill, Guam, el 26 de julio de 1944, se le encomendó la tarea de tomar la parte de la colina que estaba dentro de su zona de acción. El capitán Wilson comenzó su ataque a media tarde y ascendió por el terreno escarpado y abierto contra un horrible fuego de ametralladoras y rifles durante casi 400 metros antes de capturar con éxito su objetivo.

Asumió el mando de otras unidades desorganizadas y de equipos motorizados, además de su propia compañía. También organizó las defensas nocturnas ante el continuo fuego hostil. Aunque fue herido tres veces en cinco horas, completó su disposición de hombres y armas antes de retirarse al puesto de mando de la compañía para recibir atención médica.

Poco después, los japoneses lanzaron una serie de contraataques salvajes que duraron toda la noche. Se reunió con su unidad y se expuso repetidamente a una despiadada lluvia de metralla y balas. Se lanzó a cincuenta metros en campo abierto para rescatar a un marine herido que yacía indefenso en el frente.

Luchó ferozmente en los encuentros cuerpo a cuerpo. Dirigió a sus hombres en una batalla brutalmente librada durante más de diez horas, resistiendo su línea y repeliendo los fanáticos contraataques enemigos hasta que acabó con los últimos esfuerzos del duro enemigo a primera hora de la mañana siguiente.

Reorganizó una patrulla de diecisiete hombres y avanzó sobre una pendiente estratégica que era esencial para la seguridad de su posición. Desafió con valentía el intenso fuego de morteros y de ametralladoras, que mató a trece de sus hombres, y avanzó implacablemente con los restos de su patrulla para tomar el terreno vital. Gracias a su liderazgo verdaderamente heroico, a sus atrevidas tácticas de combate y a su valentía frente a probabilidades imposibles, el Capitán Wilson logró capturar y mantener un terreno elevado y estratégico en su sector. Fue esencial para el éxito de la misión del regimiento y para la destrucción de más de 300 efectivos japoneses. Se le concedió la Medalla de Honor por su destacada valentía y por haber arriesgado su vida más allá del deber.

EL SOLDADO DE PRIMERA clase Frank Witek sirvió con los Marines 1/9 durante la batalla de Finegayan en Guam el 3 de agosto de 1944. Después de que su pelotón de fusileros se viera estancado por un intenso fuego japonés sorpresivo desde posiciones ocultas, el soldado de primera clase Witek permaneció valientemente de pie para disparar un cargador completo de su rifle automático Browning a quemarropa en una depresión que albergaba tropas japonesas. Mató a ocho tropas enemigas y permitió a la mayor parte de su pelotón ponerse a cubierta.

Durante la retirada de su pelotón, volvió a quedarse y a salvaguardar a un compañero herido, devolviendo valientemente el fuego enemigo hasta que pudieron llegar los camilleros.

Luego cubrió la evacuación con fuego sostenido, retrocediendo hacia sus líneas. Cuando su pelotón volvió a quedar inmovilizado por el fuego de las ametralladoras enemigas, Witek, por iniciativa propia, avanzó con valentía hacia los tanques y la infantería de refuerzo, lanzando granadas de mano y disparando mientras avanzaba a menos de cinco metros de las posiciones enemigas.

Destruyó un emplazamiento de ametralladora hostil y a otras siete tropas enemigas antes de que un fusilero enemigo lo abatiera. Sus valientes e inspiradoras acciones ayudaron a reducir la potencia de fuego enemiga y permitieron a su pelotón mantener su objetivo. El soldado de primera clase Witek fue un orgullo para el servicio naval de los Estados Unidos. Dio valientemente su vida por su país y se le concedió a título póstumo la Medalla de Honor.

EL SOLDADO DE PRIMERA clase Luther Skaggs era jefe de escuadra en la sección de morteros de una compañía de fusileros del 3/3 de Marines en la cabeza de playa de Asan-Adelup en Guam el 22 de julio de 1944. Cuando el jefe de la sección murió bajo una fuerte descarga de mortero poco después del desembarco, el soldado de primera clase Skaggs asumió el mando y condujo a la sección a través de un intenso fuego durante más de 200 metros hasta una posición en la que podían ofrecer una cobertura eficaz.

Defendió valientemente la posición crítica contra los fuertes contraataques del enemigo. El soldado de primera clase Skaggs resultó gravemente herido cuando una granada japonesa fue lanzada a su trinchera y explotó, destrozando la parte inferior de su pierna izquierda. Actuó rápidamente y se aplicó un torniquete improvisado. Se mantuvo en su trinchera y respondió al fuego enemigo con su fusil y granadas de mano durante ocho horas.

Una vez destruido el enemigo, se arrastró, sin ayuda, hasta la retaguardia. Tranquilo y sin quejarse durante todo este tiempo, el soldado de primera clase Skaggs fue un ejemplo heroico de valor y resistencia para otros hombres heridos. Por su valiente liderazgo y su inspiradora devoción al deber, se le concedió la Medalla de Honor.

EL SOLDADO DE PRIMERA clase Leonard Mason sirvió con los 2/3 Marines también en la cabeza de playa de Asan-Adelup en Guam el 22 de julio de 1944. De repente recibió fuego de dos ametralladoras enemigas a menos de quince metros de distancia mientras limpiaba posiciones hostiles, lo que retrasó el avance de su pelotón a través de un estrecho barranco. Mason, solo y por iniciativa propia, salió del barranco y se dirigió en paralelo hacia la retaguardia de la posición enemiga. A pesar de que los fusileros hostiles le dispararon inmediatamente desde una posición superior y de que fue herido en el brazo y el hombro, el soldado de primera clase Mason siguió adelante. Llegó a su objetivo cuando fue alcanzado de nuevo por una ráfaga de fuego de ametralladora enemiga. Esto le causó una herida crítica a la que sucumbió más tarde. Con un valiente desprecio por su propia vida, perseveró y despejó la posición hostil. Mató a cinco japoneses e hirió a otro antes de reunirse con su pelotón.

Este acto heroico frente a una muerte segura permitió a su pelotón cumplir su misión y refleja el mayor crédito sobre el soldado de primera clase Mason. Dio valientemente su vida por su país. Se le concedió la Medalla de Honor a título póstumo.

www.ingramcontent.com/pod-product-compliance
Ingram Content Group UK Ltd.
Pitfield, Milton Keynes, MK11 3LW, UK
UKHW041826200726
13854UKWH00002BA/589